할미꽃 당신

저자의 말

눈물로 써 내려간 수필들이다. 권수로는 다섯 번째 펴내는 수필집이지만, 그러나 먼저번 수필집과 다르다. 그렇다고 해서 아주 특별하다는 것은 아니다. 그저 평범한 청춘 남녀가 만나 55년을 해로(偕老) 하다가 노후 들어 아내가 죽음에 이르는 과정을 지켜보면서 느낀 회한(悔恨)을 수필형식으로 기록한 이야기들이다.

원래 글쓰기는 즐겁지 않으면 쓰기가 어렵다. 그럼에도 비탄 속에서나마 나름의 기록을 남기기로 한 것은 '부부란 무엇인가?'에 대한 새로운 해석을 내리기 위해서였다.

다만, 독자들께서 읽어보시고 뭐라고 힐책(詰責) 하실는지 두렵기만 하다.

사실 아내가 병마와 사투하던 내용들은 그때그때 적어놨기에 곧바로 원고를 정리할 수 있었으나 눈물이 앞을 가려 몇 번이고 멈추곤 하는 바람에 아내의 타계 1년이 다 돼서야 책으로 내놓게 된 것이다.

수필은 언제나 독자가 한 눈에 읽고 싶은 충동을 느끼는 글이 되도록 써야 한다고 생각해 오고 있지만, 아내의 죽음이란 엄청난 사건을 기록하다보니 수필의 정석 따위를 생각할 겨를도 없이 쓴 것 같다. 그래서 인생에 대한 어떤 새로운 해석이 제대로 됐는지 걱정이 앞선다. 독자 제현(諸賢)의 깊은 이해를 바란다.

끝으로 이 글들을 선뜻 책으로 엮어 펴내주신 국보그룹의 임수홍 이사장님과 편집을 맡아주신 맹신형 팀장님께 감사드린다. 그리고 이 책을 천상에 있을 아내에게 바친다.

2025년 8월

修身齊에서 牙山

/ 차례 /

저자의 말 / 2

제1부 부부 사이란?

인연 이야기	10
안보관광의 하루	15
내가 그녀를 사랑할 수밖에 없는 이유	19
아내와 옥수수 이야기	25
진정한 부부 사랑	30
똑똑한 아내	34
어머니의 노래	37
전어, 이야기로만 끝난 사연	41
동서고금의 악처 이야기	48
건망증	53
부부 사이란?	58

제2부 장맛비 쏟아지던 날

어느 가을날의 산책	64
아내의 병상 일기-1	69
아내의 병상 일기-2	72
아내의 병상 일기-3	75
아내의 병상 일기-4	78
우리 부부의 유별난 '부부의 날'	82
장맛비 쏟아지던 날	87
속, 아내의 병상 일기	91
아내의 팔순	96
가을이 오는 길목에서	101
배우자의 복	105
가치 있는 삶	110
아내와 침향환	114
동지팥죽을 들며 생각나는 이야기들	118

/ 차례 /

제3부 아내를 위한 기도

의사 쇼핑에 나서다	124
웃음치료의 효과	129
삶에서 꼭 기억해야 할 일들	134
응급실로 실려 간 아내	139
늙으면 나중이 없다	143
아내를 위한 기도	148
부부란 이런 겁니다	152
마지막까지 내 곁에 남는 사람	156
부부	159
사랑하는 마음	162
당신은 내 평생의 동반자요	165
운명의 시간	168
아내가 마지막 하고 싶었던 말은 무엇이었을까?	173

제4부 할미꽃 당신

인간에게 시련의 의미란?   180
내게 가장 소중한 사람   186
할미꽃 당신   190
망각이란 선물   199
아내의 묘비명   203
나는 행복한 사람인가 봅니다   207
1000국 1004번   212
여권을 찾다가 그만 울어버렸어요   215
우아하게 늙는다는 것   219
가정의 기본은 부부라는 걸 일깨워준 하루   223
아내라는 소중한 위치   227
봄은 오는데 당신은 언제 오시나요   232

■ 평 설 _ 체험과 사색, 감성과 지성의 수필   237
    김 전(시인, 시조시인, 문학평론가)

제1부
부부 사이란?

인연 이야기

 오랜만의 나들이 길이었다. 도시를 벗어나 겨우 10여분 달려왔을 뿐인데 풍경이며 공기가 완연히 다르다. 모처럼의 나들이에 숨통이 확 트인다며 기꺼워하던 아내는 차창 밖으로 시선을 두고 연신 펼쳐지는 경치에 약간 들떠 있는 것 같았다. 환하게 웃으며 즐거워하는 아내의 모습에 자동차 안의 공기도 덩달아 시원해지는 것 같다.
 회오리바람 한줄기가 막 녹고 있는 들판을 핥고 지나가나 보다. 뿌연 먼지 같은 것이 하늘로 솟아오르다가 멀어진다. 부지런한 농부는 벌써 거름을 내었는지 군데군데 들 빛이 거뭇거뭇하다. 눈앞이 아롱거린다. 땅에서 나는 김이 겨우내 얼고 튼 살갗을 추슬러 햇살 속으로 아지랑이를 피워 올리는 중인가 보다. 아마도 얼어붙었던 마음을 열고 따사로운 기운으로 몸을 녹여 새 생명을 키워내려고 준비하는 것 같다.
 아내와 내가 백년가약을 맺은 지도 올해로 47년째가 됐다. 우리 부부는 젊은 때는 사느라 바빠서 자주 함께 나들이를 하지 못했지만, 나이들어 정년을 맞고는 오늘처럼 시간만 나면 나들이를 나가곤 한다. 우리 내외가 만난 것은 대학생 때였다. 같은 신촌 소재 대학에 다니면서 인연을 맺은 것이다.

그 후 평균적인 사람들의 삶처럼 우리는 각자 직장을 갖게 됐고, 결혼 적령기가 되어 백년을 해로하기로 약속했다. 아들 딸 낳고 결혼시켜 잘 들 살고 있으니 이제 우리부부는 부모로써 할 일은 다한 셈이다.

그동안 아내는 약국 일을 보면서 자식을 키워 사회에 내보내는 사이 보통 아내들처럼 힘겨운 세월을 보내야 했다. 그러다 늘그막에 부부가 똑 같이 큰 병고를 치러야 했다. 내가 먼저 암 투병 끝에 살아나자 뒤를 이어 아내가 암을 얻었다. 병도 인연이 있는 것인가?

원래 인연이라 하면 사람과 사람과의 만남을 말한다. 흔히 인용하는 말로 '옷깃을 스쳐도 인연'이라는 것이 있다. 그만큼 서로 서로가 끈으로 이어지는 것을 중요시한 이야기일 것이다.

인연은 우리가 삶을 살아가면서 맺고 끊는 것이기에 우리와 불가분의 관계에 있다. 특히 우리나라 사람들은 이 인연이란 것을 아주 중하게 여긴다. 흔히 연분이라고도 하는 이 인연으로 부부 관계를 맺고 백년해로 하면서 이런 인연은 '하늘이 맺어준 것'이라고 여긴다. 인연에는 원래 3연(三緣) 즉, 세 가지가 있다고 한다. 그 첫째가 혈연(血緣)이고, 둘째는 학연(學緣)이며, 셋째는 지연(地緣)이다. 혈연은 피를 함께한 씨족 개념으로 그 때문에 사돈의 팔촌까지도 챙긴다. 그것이 현실로 나타나는 것이 족보(族譜)다.

학연은 유치원에서부터 대학원까지 동창이나 동문이라 해서 같은 학교 출신끼리 모이고 유대관계를 평생 유지한다. 사회에선 동문들이 서로 밀어주고 끌어주며 세(勢)를 이루는 경우도 많다. 마지막으로 지연은 같은 고향 출신들의 끈끈한 유대관계를 말한다. 보통 향우회를 만들고 대소사가 있으면 동향인이라 해서 상부상조한다.

특히 이 3연은 선거철만 되면 극성을 부린다. 같은 값이면 내 친인척, 내 동창, 내 고향 사람을 도와주자고 나선다. 그러다 보니 불법 부정 선거를 하는 경우도 발생한다. 참으로 안타까운 일이 아닐 수 없다.

이밖에 요즘은 앞서 말한 부부연이란 말이 많이 쓰이고 있다. 그 수많은 사람 가운데 왜 하필이면 당신일까? 그러면서 사람들은 그 인연은 우연이 아니고 필연이라고 생각한다. 나 역시 그렇게 생각한다.

나는 조용히 차를 몰면서 아내에게 우리의 만남이 필연이라고 생각하느냐고 물었다. 그녀의 대답도 나와 같이 필연이라고 했다. 그러면서 내 얼굴을 쳐다 본다. "그 증거로 사람들이 우리 부부를 두고 많이 닮았다고 말하고 있다"는 것이다. 그리고는 우리 부부의 인연은 숙명이란다.

  부부연이 숙명이라 하지만 그럼에도 불구하고 두 사람이 만나 백년해로 한다는 것은 그리 쉬운 일은 아니다. 나는 아내에게 러시아 속담을 이야기 해주었다. "전쟁터에 나갈 때는 한 번 기도하고, 바다로 고기잡이를 나갈 때는 두 번 기도하고, 결혼할 때는 세 번 기도하라는 말이 있어요. 그만큼 결혼 생활이 쉽지 않다는 말이지요. 하기야 요즘 이혼을 밥 먹 듯 하는 젊은이들의 세태를 보면 이 속담의 의미를 알 수 있을 것 같지 않소?" 아내가 귀를 기울여 경청을 한다.

  나의 설명은 계속됐다. 왜 성경에 보면 "하나님께서 맺어 주신 것을 사람이 갈라놓아서는 안 된다고 되어 있지요? 그래서 이 성구(聖句)는 결혼식에서 주례자가 성혼선언을 할 때 자주 인용하는가 봅니다. 그만큼 부부 인연은 그 어떤 인연보다 하늘이 맺어준 것이므로 고귀하고 값진 인연이라는 뜻이 아니겠어요?" 아내가 내 말에 '옳소' 하고 추임새를 넣는다.

  하지만, 이런 귀한 인연도 서로 두 사람이 소중하게 가꾸어나가야 오래가고 아름다워진다.

  부부는 촌수가 없다고 한다. 아들만 해도 1촌인데 부부는 무촌이다. 이 말은 서로 등을 돌리면 한 순간에 남남이 된다는 뜻이다. 그러니 늘 마주 보는 자세를 가져야 한다. 서로가 보듬고 사랑해야 하는 까닭이기도 하다.

차가 목적지에 도착하자 아내는 차에서 내리며 "우리는 늘 마주 보는 자세를 하자"며 활짝 웃는다. 나도 그 말에 기꺼이 동의한다고 했다.

모든 인연은 한 번 맺으면 오래가야 한다. 그래서 아름다운 꽃으로 피워나가야 한다. 그러기 위해서는 만남의 두 사람이 인연이란 꽃나무를 정성들여 키워나가야 한다. 그냥 버려두면 저절로 자라나지 않는다. 풀도 뽑아주고 물도 주어야 한다. 그러다 보면 그만한 노력의 대가를 얻지 않을까 생각한다.

안보관광의 하루

나와 아내는 이번 가을엔 의미 있는 관광을 하자는데 의기투합했다. 그래서 떠난 것이 하루짜리 안보관광이다. 그럴만한 이유가 있었다. 나의 형님 중 한 분은 6·25전상자로 제대 후 천수를 다한 뒤 작고하시어 대전 현충원에 잠드셨지만, 한 분은 휴전 무렵 금화전투에서 육군소위로 전사했으나 아직 유해를 찾지 못하고 있다. 그런 연유로 형님들의 발자취를 찾아가보기로 했던 것이다. 그리고 강원도 화천으로 향했다.

날씨는 가을답게 청명했다. 화천 땅에 다다른 것은 10월 17일 오전 10시쯤, 내가 탄 차가 맨 처음 멈춘 곳은 '꺼먹다리'라는 곳이었다. 남한 최초의 수력발전소 가동을 위해 건설한 목재 다리이다. 건립 당시의 원형을 잘 간직하고 있어서 귀중한 교량사 연구 자료가 되고 있다고 한다.

여기서 단풍이 붉게 물들기 시작하고 있는 깊은 산속으로 굽이굽이 돌아가면 파로호(破虜湖)를 가슴에 품은 고요한 마을이 나타난다. 마을이라야 겨우 세 가구가 전부인 이름 하여 '비수구미마을'이다. 사람의 손을 타지않은 깨끗한 자연, 한가로운 마을 풍경이 절로 사색에 잠기게 만든다.

파로호는 6·25 당시 화천 전투에서 중공군 6만여 명을 사살하거나 생포하는 큰 전과를 올린 곳이다. 당시 이승만 대통령이 '구만리 저수지'로 불리던 이름을 '파로호'라 직접 명명하고 친필 휘호를 내려 장병들을 격려함으로써 얻어진 이름이다. 호수는 산 속에 있지만 마치 바다인 듯 일렁이며 푸른빛을 낸다. 파로호 상류에서 소형 보트를 이용해 마을로 들어가 건강식인 산채비빔밥으로 점심을 들고 호수를 거슬러 북쪽으로 차를 몰았다.

조금 더 올라가니 '평화의 댐'이 웅장한 모습을 드러낸다. 북한의 임남댐이 붕괴되거나 고의로 파괴하여 물을 일시에 방류할 경우, 그 방어수단으로 댐을 만든 것이 평화의 댐이다. 몇 해 전 그 예측이 맞아 제 역할을 한 뒤로 안보관광지로 각광을 받고 있다고 한다. 높이 125m, 길이 601m, 최대 저수량 26억3천만 톤을 자랑한다.

댐 바로 옆엔 '세계평화의 종'이 들어서 있다. 이 종은 세계 곳곳에 평화의 종소리를 울린다는 뜻에서 각국 분쟁지의 탄피와 포탄 등 무려 1만관을 기증받아 제작했다고 한다. 이 종소리가 북녘 땅을 비롯한 한반도 뿐만 아니라 세계 곳곳의 분쟁지역으로 울려 퍼져 화해의 메시지가 되리라는 기대를 해 본다.

평화의 댐 아래쪽에 한반도 모형의 돌 짝 형상으로 만들어진 '비목(碑) 공원'으로 갔다. 여기는 6·25전쟁의 아픔과 당시 희생되신 젊은 무명용사들의 넋을 기리는 곳이다. 이곳이 "초연이 쓸고 간 깊은 계곡 양지 녘에 비바람 긴 세월로 이름 모를 비목이여~"로 시작 되는 국민 가곡 '비목'의 발원지이다. 이 가곡은 이 곳에서 소대장으로 근무했던 한 명희 씨가 작사하고 한국방송 PD로 있던 장일남 씨가 곡을 붙여 만들었다고 한다. 돌 짝 한반도 가운데에는 고목으로 만든 '슬프고 애잔한 십자가'가 서 있고, 거기 나무 막대기 위에 낡고 녹슨 철모가 씌워져 있었다.

철모는 어느 병사의 흔적처럼 그 곳에서 평화가 오는 날의 세월을 헤아리고 있는 듯했다.

공원으로 오르는 길목 양쪽으로 이제 막 전투에서 돌아온 듯 고향 하늘을 바라보는 젊은 용사와 아이를 안은 채 전방을 응시하는 아낙네의 사모곡이 동상으로 만들어져 서 있다. 철조망과 비쩍 마른 나무인 비목과 녹슨 철모, 그리고 젊은 부부의 하염없는 기다림이 절절한 아픔으로 한 없이 다가왔다.

"앞으로는 이런 안보의 현장을 찾는 수학여행이 되었으면 합니다. 그렇게 된다면 세월호 같은 참사도 안 일어나겠지요." 자원봉사 안내원의 의미심장한 말이다. 비목 앞에서 나는 피비린내 나는 전투의 현장을 상상하며, 희생되신 젊음들을 되새기면서 남다른 애상(哀傷)에 젖었다. 그리고 다음의 〈헌시(獻詩)〉를 그분들에게 바쳤다.

"남과 북의 격전지 화천/ 한반도 모형 비목공원 그 한 가운데/슬프고 애잔한 나무 십자가/낡고 녹슨 철모는/ 조국수호의 아픈 숨결 간직한 채/평화가 오는 날만을 헤아린다//백척간두(百尺竿頭)의 운명 속에/피비린내 나는 전투의 현장에서/오직 나라를 지키기 위해/고귀한 생명 아낌없이 바치신/아, 거룩한 넋이여!//산 넘고 물 건너/38선 따라 벌어진 격전의 현장마다/맑은 하늘 뒤덮은 뿌연 포성 속에 피 흘리며 의롭게 산화(散華)하신/아, 젊은 넋이여!//그 영혼/이제 그날의 함성과 포성 멎었으니/여기 고원에서 비목(碑木)으로나마/부디 영면 하소서."

내가 그녀를
사랑할 수밖에 없는 이유

　오래 전 그녀가 약국을 경영하고 있을 때다. 약국이 대로변에 위치해 있는데다 역 앞이라 연일 아침부터 저녁 늦게까지 찾는 분이 줄을 이었다. 한마디로 문전성시라고 표현할 만했다. 당시만 해도 의약분업이 안 된 시절이라 약국 문을 아침 5시쯤이면 열고는 대개 자정을 넘겨서 문을 닫는 일이 많았다. 돈은 많이 번다고 좋아했겠지만 여자로서, 특히 가정주부로서는 보통 고된 직업이 아니었다.

　하지만 필자 역시 직업이 언론사 경찰 출입기자여서 늘 밤낮 가리지 않고 사건 현장을 누벼야 했던 지라 아내를 도와줄 형편이 못 되었다. 그러다보니 딸아이를 돌보는 일에서부터 약국 문을 열고 닫는 일까지 거의 아내 혼자서 도맡다시피 했다. 고향에서 어머니가 살림을 도울 사람을 보내 주셨지만 아내의 손이 가야하는 일은 매일 넘쳐났다. 아내는 젖먹이를 업고 온종일 서서 일하면서도 내게는 한 번도 힘들다는 내색을 하지 않았다.

　그 때는 약국이 쉬는 날도 없어서 일요일에 교회에도 출석하지 못하고 문을 열어야 했다. 신문사 역시 일요일에도 출근을 해야 하는 형편이어서 그날만이라도 아내를 도와주고 싶어도 말 같이 쉬운 일이 아니었다. 할 수 없이 아내는 주일이면 새벽 예배를 드리거나 바쁠 때는 가정 예배로 대신하곤 했다. 나는 그 시간에도 사건 현장을 돌아다니다가 새벽녘에 들어와서는 못 잔 잠을 자야만 했다. 그러다 보니 딸아이가 아빠를 봐도 잘 기억하지 못하는 것 같았다.

어느 여름날 일요일이었다. 그날은 어쩌다 시간이 나서 아침밥을 먹고 딸아이를 뒷마당에서 그네를 태워주며 놀아주고 있었다. 그 때 아내가 화장실에 다녀올 테니 아이를 데리고 약국으로 나와 있어 달라고 했다. 내가 약국으로 나간지 얼마 안돼서 남루한 옷차림의 할머니 한 분이 조그만 보따리를 머리에 이고 들어오셨다. 나는 약사가 곧 나오니 조금만 의자에 앉아 기다리시라고 했다.

할머니는 아무 말 없이 의자에 보따리를 내려놓고 앉더니 아침인데도 한여름이라서 더우신지 연신 부채질을 해댔다. 곧 이어서 아내가 약국으로 나오면서 할머니를 발견하고는 인사를 한다. "어서 오세요. 할머니, 어디가 편찮으신가요?" 할머니는 자리에서 일어나 아내한테 다가가더니 힘없는 말로 "어디가 아픈 게 아니고 바늘이나 골무 같은 게 필요하면 하나 팔아주세요"라고 말했다. 그 때 서너 명의 손님들이 한꺼번에 들어와 약을 주문했다.

아내는 할머니에게 "잠깐만요"하더니 약을 지으러 온 분들에게 일일이 문진을 하고는 약을 조제해 주었다. 출근길에 몰려들어온 손님들로 아내는 정신이 없어 보였다. 약을 찾던 손님들이 모두 돌아가자 할머니는 다시 아내에게 필요한 물건을 하나만 들여놓으라고 권했다. 마침 그 때 또 다른 손님들이 약국 안으로 우르르 몰려들어왔다. 아내는 할머니의 간청에도 "아닙니다. 지금은 바쁘니 다음에 오세요"라고 하며 그냥 돌려보냈다.

그리고 곧 약을 산 손님들이 모두 나가자 아내는 "아, 참, 할머니 어디 가셨지?" 하면서 내게 묻는 것이다. 내가 "할머니는 방금 가셨어. 아마 나가신지 3분쯤 됐을 걸"하고 말하자 아내는 갑자기 "약국 좀 보세요" 하더니 가운을 입은 채 쏜살같이 밖으로 뛰어나갔다. "저 여자가 갑자기 왜 저래?"하고 속으로 궁금해 하고 있는데 아내가 좀 전에 찾아왔던 그 방물장수 할머니를 모시고 약국 안으로 들어왔다.

"아니 어떻게 된 거야" 의아해 묻는 내게 아내는 아무 대답도 않고 할머니를 의자에 앉히고는 냉장고에서 시원한 박카스 한 병을 꺼내서 간장보호제 알약과 함께 드리는 게 아닌가. "아까는 너무 바빠서 그만 실례 했어요. 죄송해요." 할머니는 약을 받으면서도 무슨 영문인지 몰라서 한동안 아내의 얼굴만 쳐다봤다. "그렇게 쳐다보실 것 없어요. 시골에 계신 어머님이 생각나서요. 이 더위에 얼마나 힘드세요." 아내의 말에 할머니는 그제야 이해가 되는 지 안절부절 못하면서 "무슨 그런 말씀을 다 하세요. 괜히 바쁘신 약사님을 붙잡고 팔아달라고 조른 내가 미안하지요."라고 했다.

할머니는 목이 타셨던지 박카스를 단숨에 들이키고는 물이 있으면 더 달라고 했다. 그러자 아내는 냉장고에서 물병을 꺼내 컵에 가득 따라드렸다. 물을 다 드신 할머니는 갑자기 허리춤에 달린 돈주머니에서 깊숙이 넣어두었던 백 원짜리 동전을 몇 개 꺼내 아내에게 건네주며 "아직 물건을 못 팔아 가진 돈이 이것밖에 없어요"라며 말끝을 흐리셨다. 아내는 얼른 다가가더니 "할머니, 저 이거 받으려고 모시고 온 거 아니에요. 걱정하지 마시고 어서 도로 넣어두세요."라고 만류했다.

그런 뒤 아내는 "잠시만요." 하더니 다시 냉장고에서 박카스 한 병을 꺼내더니 "할머니, 혹시 다니시다가 더우셔서 목이 마르시면 이거 드세요" 라면서 할머니 손에 쥐어주었다. 할머니는 아내를 빤히 바라보시더니 이내 고맙다는 말씀을 몇 번이나 하시며 나가셨다. 할머니가 나가자 아내는 할머니가 몰래 의자에 남겨놓고 간 골무를 엄지손에 끼어보면서 "얼마 벌지 못하실텐데 하루종일 다니시면 얼마나 힘들고 허기지실까"하며 안타까워 한다. 그리고는 시골에 계신 어머님이 생각나서 모셔왔었다고 했다.

나중에 동네 사람들이 전하는 바에 따르면 이런 일은 흔히 있는 일이라고 했다. 그런데 그것도 모르고 나는 아내의 행동을 지켜보다가 그만 눈물을 흘리고 말았다. 아내가 말한다. "당신 또 울어? 시골 엄마 생각나서 그렇지?" 하고는 놀려댄다. 그러더니 얼른 전화 수화기를 들더니 어딘가에 전화를 건다. 내가 "어디에 거는데?" 하고 묻자, 아내는 "시골에 계신 어머님은 평안하신지 전화라도 드려야지요."라고 한다. 아무리 생각해도 못 말리는 아내다.

신호가 가더니 잠시 뒤 수화기 너머로 듣고 싶은 어머니의 목소리가 들린다 "아가니? 무슨 일이냐?" "그냥 안부 전화 드렸어요?" "그래? 나는 편히 잘 지내고 있다. 아가야. 더운데 애기 데리고 약국하기 힘들지? 네 남편이 좀 도와주니?" "저 힘들지 않아요. 어머니, 그이도 잘 도와줘요" "그러니? 그래 고맙다. 네가 수고 많이 한다. 그럼 건강히 잘 지내거라."

"네, 어머니, 추석에 내려가서 뵐게요." 라며 전화를 끊는다. 내가 아내에게 "날 좀 바꿔주지 그랬어!"라고 하자 "아까 당신이 운 것 보고하지 않은 것만도 다행이라고 생각하세요."라며 깔깔대며 웃는다.

그러던 아내가 요즘은 예전의 할머니 나이가 돼서 아파트 쉼터에 나가 동네 할머니들의 건강 멘토가 돼 있다. 아내가 하루라도 쉼터에 나가지 않으면 할머니들이 전화로 불러내 이것 저것 건강상담을 해오는 바람에 연일 바쁘게 지낸다. 이러니 내가 그녀를 사랑할 수밖에 없는 것 같다. 오늘이 둘이 하나가 된다는 부부의 날이다. 좀 쑥스럽지만 "여보, 사랑해요"라고 한 번 해보는 것도 좋을 듯하다.

아내와 옥수수 이야기

　시간은 어김없이 흐르고 있었다. 장마가 오랜기간 지속되더니 두 차례나 큰 태풍이 이어서 올라오면서 곳곳에서 인명과 재산 피해가 있었다는 소식이다. 하지만 여름 내내 찌던 무더위도 태풍 따라 물러가고 아침저녁으로 제법 선선한 바람이 불어온다. 사람들은 지난해까지만 해도 여름엔 해수욕장이나 계곡을 찾아 더위를 식히고 더위가 물러가면 가을여행을 떠나기 시작했지만, 올해는 그 무서운 코로나 때문에 엄두도 못내는 것 같다.
　우리 집도 예외는 아니다. 문학단체 몇 곳에서 떠나는 역사탐방 프로그램도 여름철은 물론 가을철 계획도 코로나로 인해 모두 취소됐다. 그래서 여름 내내 기껏 나간다는 것이 가까운 동네 공원을 찾는 게 고작이었다. 물론 가을철도 마찬가지다. 하는 수 없이 이 좋은 계절에도 동네 공원이나 찾을 수밖에 없을 것 같다.
　거의 매일 집에만 틀어박혀 있다 보니 여행을 가서 맛 본 토속음식 생각이 절로 난다. 엊그제 밤이었다. 저녁상을 물린지 한참 되었을 때다. 아내가 출출했던지 갑자기 여름휴가 때 강원도로 여행 가서 먹어 본 옥수수가 먹고 싶다고 했다. 젊어서 아이들을 임신했을 때라면 몰라도 할머니가 돼서 아닌 밤중에 옥수수를 찾다니 신기하기만 했다.

생각해 보니 아내가 첫째 아이를 가졌을 때 입덧을 유별나게 심하게 했던 것 같다. 그래서인지 먹고 싶다는 것도 많았다. 그래도 아내가 먹고 싶다면 아무리 한밤중이라도 사다가 대령하곤 했다. 예전엔 시장이 멀리 떨어져 있어서 한참을 걸어가야 했지만 요즘은 아파트 단지 내에만 마트와 24시간 매점이 두 곳이나 있으니 그리 힘든 일도 아니다. 더구나 요즘은 사철과일을 아무 때나 살 수 있지만, 예전엔 제철이 지나면 구할 수가 없었다. 하우스재배도, 냉동시설도 요즘 같지가 않았기 때문이다.

아내의 말이 떨어지자마자 마트로 얼른 달려갔다. 마트에선 찐 옥수수는 없고 날 옥수수만 팔고 있었다. 3개에 3천원을 주고 사서 집으로 와 찜통에 넣고 삶았다. 옥수수를 삶는 동안 아내는 군침을 삼켰지만 막상 찐 것을 내놓자 한 개를 먹고는 더는 못 먹겠단다. 한밤중에 구해다가 정성껏 삶아 내놨는데 겨우 한 개만 먹고마니 섭섭한 마음이 들었다.

얼마 전까지만 해도 한창 옥수수를 먹는 철이었다. 어딜 가도 옥수수가 지천이었다. 그러나 입추가 지나면서 옥수수를 쪄 파는 곳이 없어졌다. 이번에 안 일지만 옥수수철에는 대부분 국산 옥수수를 팔지만 철이 지나면 미리 쪄서 압축 보관한 중국산 옥수수를 수입해 판다고 한다.

어린 시절에는 시골에서 자란 탓에 옥수수를 많이 먹고 지냈다. 먹을 게 많지 않아서 더 그랬던 것 같다. 하지만 지금은 어린 시절처럼 옥수수를 많이 먹지 않는다. 다른 먹을 것들이 푸짐해졌기 때문일 것이다.

또한 옥수수는 어느 집이건 대개 식구들이 먹을 만큼만 직접 소출(所出)해서 먹었지 시장에 내다 파는 경우는 별로 없었다. 더구나 돈이 없어서 시골 사람들은 주식인 쌀이나 보리는 물론 옥수수, 감자 같은 농산물은 거의 대부분 자급자족 해 왔었다.

서울에서 학교를 다닐 때는 부모님은 자식들이 방학을 맞아 귀성할 때까지 몸소 가꾼 옥수수가 다 여물어도 밭에 놔두고 수확을 하지 않으셨다. 처음 따는 것은 아들을 먹여야 잘 여문 옥수수처럼 자란다고 믿고 있으셨던 것 같다. 방학을 맞아 고향집에 가면 어머니는 저녁을 먹고 난 뒤 얼마 안 돼서 간식거리로 삶은 옥수수와 감자를 내놓으시곤 했다.

옥수수는 몸을 감싼 잎 속에 자루를 숨기듯 큰다. 몸에 붙어 자란 알갱이가 먹을 수 있을 무렵이 되면 붉은 수염을 달고 볼록하게 몸을 드러낸다. 낱알이 굳어지고 맛이 들 때면 마치 아기를 업은 모습이 된다. 그래서 옥수수를 보면 지금도 그 모습을 닮은 어머니 생각이 간절해진다.

어머니는 옥수수가 꽃을 피우거나 여물기 시작하면 전화를 걸어 옥수수가 변하는 모습을 일일이 말씀해 주셨다. 그리고는 내가 내려갈 때까지 기다렸다가 같이 먹자는 말씀을 잊지 않으셨다. 정말 지극정성이셨다.

그때마다 나는 방학을 하려면 아직 멀었으니 그냥 먼저 따서 아버지랑 같이 드시라고 말해드리곤 했다. 어머니는 아무리 그래도 내 말은 들은 척도 안 하시고 언제나 내가 내려갔을 때야 비로소 수확을 하시곤 했다. 그러다 보니 부모님은 자식이 오기를 기다리시느라 옥수수 알갱이가 연할 때 드시지 못했다.

대학을 졸업하고 직장에 다닐 때였다. 어느 해인가. 여름휴가를 고향으로 갔었다. 그런데 고향집에 도착하자마자 어머니는 올해는 옥수수를 심지 않으셨다고 하셨다. 그 까닭을 들으니 가슴이 아팠다. 어머니는 모종을 심는 것도 힘들지만 아버지가 안 계셔서 나중에 혼자 옥수수대를 뽑는 것이 엄두가 나지 않아 심지 못했다고 하셨다. 그러면서 어머니는 직접 농사지은 옥수수를 먹여주지 못해서인지 민망해 하셨다.

나는 거기까지는 미처 생각을 못했다. 어머니가 농사를 짓는다는 것은 이제 힘에 부친 연세라는 것을 몰랐다니 큰 불효를 하고 있는 것 같았다. 자식이 어찌 부모님의 깊고 높으신 자식 사랑을 알겠는가. 나는 어머니께 죄송해서 할 말을 잇지 못했다. 그런데 어머니는 얼른 부엌으로 가시더니 찐 옥수수 한 바구니를 들고 오셨다.

"어머니, 올해 옥수수를 심지 않으셨다더니 이건 어디서 난거예요?" "네가 하도 옥수수를 좋아하기에 어제 읍내에 가서 사왔다. 내 집 것은 아니지만 먹을 만하다. 어서 먹어봐라" 나는 어머니가 주시는 바구니를 붙잡고 한동안 가슴이 메었다. 자식이 뭐기에 어머니는 이렇게 옥수수를 미리 사다가 두었다 주실까.

옥수수는 뿌리가 튼튼하다. 그러나 줄기는 연약해서 바람에 잘 넘어질 것 같다. 그 때문인지 수많은 뿌리를 내려 단단하게 땅을 움켜쥐고 아래로 뻗어나간다. 그리고 그 자리에 다른 작물을 심으려면 수확 후엔 반드시 남은 대를 뽑아내야 한다. 대를 뽑는 일은 보통 힘든 일이 아니다. 쇠약해진 어머니 혼자서 그 작업을 할 수 없으셨을 것이다.

옥수수는 꽃을 피우고 열매가 여물 때까지 대를 통해 땅에서 영양분을 뽑아 올린다. 그러는 동안 옥수수 대는 마치 늙은 어머니 살갗처럼 메마르고 쪼글쪼글해진다. 우리는 어머니를 갉아먹는 한낱 물것은 아닐까. 아내는 내 이야기를 듣는 동안 줄곧 눈시울을 붉혔다.

진정한 부부 사랑

오늘은 부부의 날입니다. '둘(2)이 만나서 하나(1)가 된다.'라고 해서 5월 가정의 달에 21일을 부부의 날로 정했다고 합니다. 그러므로 부부는 가장 호흡이 잘 맞는 둘이 하나같은 사람들이어야 합니다. 그런데 서로 다른 환경에서 다른 인격을 형성한 후에 만나게 되는 관계로 사실 부부는 이질적인 사람들의 만남이라 할 수 있습니다.

흔히 부부를 일심동체(一心同體)라고 하지만, 사실은 이심이체(異心異體)입니다. 따라서 서로 다름을 인정하고 이해하며 살아가는 게 중요합니다. 어쩌면 부부의 만남은 처음부터 어렵고 힘든 만남인지도 모릅니다. 오죽하면 '싸움터에 나갈 땐 한 번, 바다에 나갈 땐 두 번, 결혼할 땐 세 번 기도하라'고 했을까요.

부부의 처음이 사랑으로 출발한다는 것은 알지만, 그 출발 선상에서 대부분의 사람들은 사랑만큼 중요한 서로의 '차이'를 인정하는 것을 간과 합니다. 부부가 서로의 차이를 소홀히 하면 부부생활의 어려움이 시작됩니다. 어떤 사람은 결혼을 '분명 반쪽을 얻는 대신 자신의 반쪽을 버리는 것'이라고 했습니다.

　자기의 반쪽을 양보하고, 포기하고, 상대의 반쪽을 인정하고, 받아들여야 합니다. 특히 결혼에 대한 막연한 환상은 버려야 합니다. 결혼만 하면 마술처럼 없던 행복이 갑자기 생겨나는 것이 아닙니다. 행복은 부부가 결혼 후부터 함께 노력해서 만들어 나가는 것이기 때문입니다.

　행복은 쉽게 우리에게 다가오지 않습니다. 참고, 이해하고, 버리고, 포기하고, 인정하고, 양보하고, 받아들이는 노력을 반복하고 감수할 때 비로소 우리에게 다가옵니다. 그래서 결혼이란 어떤 의미에서는 서로 상대의 밧줄에 묶이는 것입니다. 자기만의 자유가 상대 때문에 구속되어야 합니다. 자신의 소중한 자유를 상대를 위하여 포기하여야 합니다.

　우리 부부는 세월이 많이 흐른 후에야 서로의 차이와 다름을 깨닫고 인정하기 시작한 것 같습니다. 우리는 처음부터 가장 중시해야 할 '포기와 상대의 수용'을 간과했던 것 같습니다. 나는 그대로이면서 상대가 내 생각과 뜻에 맞춰서 따라오기만을 원했던 경우가 더 많았습니다.

　하지만 시간이 지난 후에 생각해 보면 내가 더 폭 넓고 깊게 생각했어야 했고, 조금 더 참았어야 했던 때가 많았다고 하겠습니다.

경험에 비추어 보면 부부는 내가 먼저 상대에게 나를 온전히 열어야 한다는 것입니다. 나를 다 까발리고 숨김없이 알려서 상대 앞에 나를 내려놓아야 합니다. 공연한 자존심으로 상대를 힘들게 해서는 안 됩니다. 나는 꼼짝도 않으면서 상대에게만 달라지라고 하는 데서 갈등은 싹이 튼다고 봅니다.

부부는 같이 살다 보면 얼굴이 닮아가고 입맛까지도 같아진다고 합니다. 부부는 눈빛과 얼굴 표정만 보아도 서로 상대가 무슨 생각이나 감정을 가졌는지 알 수 있으리만큼 지피지기의 달인이 된다고 합니다. 그만큼 서로의 차이를 극복해 가고 있다는 반증입니다.

부부는 수레의 양 바퀴입니다. 어느 한 쪽 바퀴만 고장이 나도 수레는 움직일 수 없습니다.

또한 부부는 두 개의 칼날이 붙어서 움직여야 썰어지는 가위와 같습니다. 가위는 한 쪽 날이 무디거나 부러진다면 더는 가위의 기능을 수행할 수 없습니다.

또한 부부는 상대의 실수를 한 없이 덮어주고 감싸며 흡수하는 바다여야 합니다. 바다는 상류의 혼탁한 강물을 모두 다 받아 안으면서도 불평도 불만도 없습니다. 오직 자기와 섞여 다 같이 정화되려고 말없이 몸부림 칠 뿐입니다.

이런 부부는 오래된 골동품 같기도 하고, 잘 숙성된 묵은 김치 같기도 합니다. 시간이 흐를수록 몸값이 높아지는 골동품의 진가야

말로 값이 없다시피 합니다. 그 뿐인가요. 잘 숙성되어 잘 익은 묵은 김치의 감칠 맛은 정말 맛 중의 맛이고 일품이지 않은가.

결국 부부는 서로의 안식처가 되어야 합니다. 자기 편익만 생각하면 부부관계의 지속은 어렵습니다. 부부가 서로 이견으로 다투고 싸우는 것도 시간이 흐르고 보면 사랑하기 위한 훈련 과정입니다. 농익은 사랑의 향기는 그렇게 아프면서 영글어지고 깊어지는 것입니다.

그러기 위해서 결혼 전에는 두 눈을 크게 뜨고 상대를 바라보았지만, 결혼 후에는 한 쪽 눈은 질끈 감고 살아야 합니다. 보고도 못 본체, 알면서도 모르는 척 할 때 샘 깊은 사랑이 익어가는 것입니다.

행복은 결코 거창한 것도 아니고, 멀리 있는 것도 아닙니다. 부부는 상대가 힘없고 맥없어 의식이 없더라도 내 곁에 있음을 감사하며 얼싸안고 보듬어야 합니다. 그래서 상대가 걸을 수 없을 때 자기의 두 발만으로도 인생길을 걸어가도록 해야 합니다. 이것이 진정한 부부 사랑이고 행복입니다.

똑똑한 아내

청년시절이었으니 꽤 오래된 이야기입니다. 어느 날 목사님이 나에게 물었습니다. "성도님은 성경공부를 참 열심히 한다고 들었습니다. 성경은 하나님의 말씀이므로 중요하지 않은 구절이 없지만 그래도 그 중에서 가장 마음에 와 닿는 구절이 있었다면 어떤 구절이었습니까?" 갑자기 물어온 질문이기에 처음엔 당황했습니다. 그런데 언뜻 머리에 떠오르는 구절이 있었습니다.

나는 즉시 대답했습니다. "그 구절은 에베소서 5장 22절입니다." 그리고 나는 그 구절을 외워 보였습니다. "아내들이여 자기 남편에게 복종하기를 주께 하듯 하라." 내 대답에 목사님은 미소를 띠더니 다음과 같이 말했습니다. "성도님, 말씀 하신 5장은 〈아내와 남편〉에 관한 말씀으로 25절엔 '남편들아 아내 사랑하기를 그리스도께서 교회를 사랑하시고 그 교회를 위하여 자신을 주심 같이 하라'와 같이 이어지고 있습니다."

여하튼 내게 22절이 생각난 것은 아마 그 당시 아내에 대한 나의 요구사항(?)이 그만큼 강력했던 것 같습니다. 그러면서 나는 그 때 아내가 남편을 활력 있고 생동감 있는 남성으로 변화시키기 위해서는 어떻게 하는 것이 좋은가에 대해 잠시 생각해 봤던 기억이 납니다. 지금에 와서 생각해 봐도 그 대답은 변함이 없습니다. 그것은 '아내들이 남편의 모습을 있는 그대로 인정하고 받아 주어야 한다.'는 것입니다.

그런데 요즘에도 가만히 주변을 돌아보면 대부분의 아내들이 남편을 인정하기보다는 남편의 부족한 점에 대해 잔소리를 하면서 고쳐주려고 애를 쓰고 있음을 쉽게 알 수 있습니다. 하지만 아무리 그런다고 해서 정말로 남편들이 아내가 원하는 대로 변화될 수 있을까요? 절대로 그렇지 않습니다. 오히려 남편들은 자신의 권위가 도전받아 자존감에 큰 상처를 입었다고 생각하면서 강한 거부감을 나타내게 됩니다.

만약 어느 아내가 자기 남편을 고쳐보겠다고 마음을 먹었다고 합시다. 그리고 퇴근해서 집에 돌아온 남편에게 손발을 씻는 것부터 시작하여 집안일을 도와주고 아이들을 챙기는 일까지 하나하나 잔소리를 했다고 칩시다. 그 결과는 어떨까요? 보나마나 남편은 바뀌기는커녕 이제는 아내의 말을 아예 무시하려 듭니다.

그러던 어느 날 남편은 아내에게 폭발합니다. "내가 당신 자식인 줄 알아? 나는 당신 남편이야. 남편!"이라면서 큰소리칩니다. 이 말에 아내의 충격은 클 수밖에 없습니다. 하지만 똑똑한 아내는 입술을 꼭 깨물면서 깊이 생각합니다. "그래, 나를 먼저 바꾸는 거야." 그리고 그때부터 남편에게 잔소리 대신 남편을 인정하는 언행을 합니다. 그랬더니 놀랍게도 남편에게서 존경할 점이 눈에 보이기 시작하는 것입니다.

드디어 그들 부부는 하나가 되는 길을 발견하게 됩니다. 나는 감히 다음과 같이 말하고 싶습니다. "아내들이여! 똑똑한 아내가 됩시다. 그러기 위해서는 가정의 머리인 남편을 인정하고 존경합시다. 그렇게 할 때 아내는 남편의 무한한 사랑 앞에 감격하면서 사람의 심리를 오묘하게 지어주신 하나님의 섭리에 감사하게 될 것입니다."

어머니의 노래

몇 해 전 미국의 어느 초등학교에서 과학시간에 선생님이 아이들에게 시험문제를 냈다. 시험문제는 "첫 글자가 'm'으로 시작된 단어 중에서 '상대방을 끌어들이는 성질과 힘을 가진 단어'를 쓰시오"였다. 정답은 magnetic (자석)이었다.

그런데 85% 이상의 학생들이 답을 mother(엄마)라고 썼다. 고민하던 선생님이 마침내 mother를 정답으로 처리했다는 일화(逸話)가 있다. 학생들이 'm'으로 시작하는 말로써 '상대방을 끌어 들이는 성질과 힘을 가진 단어'를 'mother'로 기억하는 것은 너무나도 당연한 일이기 때문이다.

얼마 전 영국에서 '이 세상에서 가장 아름다운 말'을 뽑았는데 1위로 선정된 단어는 역시 어머니였다고 한다. 세상에서 가장 아름다운 눈은 젖 먹는 자기 아이를 바라보는 어머니의 눈동자이며, 세상에서 가장 아름다운 모습은 아이에게 젖을 먹이는 어머니의 모습이라는 말도 있다.

아주 오래 전 일이다. 어느 사진전시회에 가서 최우수작품으로 선정된 작품을 감동깊게 본 적이 있다. '기다림'이라는 제목의 사진이었는데 해질무렵 동구 밖 느티나무 아래서 누군가를 기다리는 여인의 뒷모습이었다. 그 여인은 아이를 안고 있었는데 보는 것만으로도 가슴이 뭉클했던 기억이 생생하다.

그 때는 출타한 남편을 기다리는 여인이라고 생각했는데 지금 다시 생각해 보니 외지에 나간 큰 아들을 기다리는 어머니였을지도 모른다는 생각이 든다. 아무튼 그림이 주는 메시지는 '기다림과 그리움'이었다. 이처럼 어머니는 기다림과 그리움의 대명사이다.

여자는 어릴 적엔 아버지를 기다리고, 성장하여 결혼하면 남편을 기다리고, 자식을 낳아 출가하면 자식을 기다린다. 사실 기다릴 수 있고 그리워 할 수 있는 상대가 있다는 것은 행복한 일이다. 내리 사랑이란 그리움이고, 기다림이다. 그래서 기다림과 그리움은 사랑의 또 다른 말이라 해도 된다.

6·25 전쟁 통에 경험한 일이다. 부모님과 우리 형제들이 피란길에 올랐는데 집을 떠나 읍내에 도착했을 때였다. 아군 폭격기가 우리들을 적군의 행렬로 오인했는지 저공 비행을 하더니 갑자기 기관총 사격을 가해댔다. 그 때 아버지는 짐 보따리를 부여잡고 몸을 숨겼지만, 어머니는 우리 삼남매를 끌어안고 길 옆 논바닥으로 굴러 방패막이가 되셨다.

우리가 흔히 목격하는 바이지만, 자식을 사랑하는 마음은 동물 세계에서도 마찬가지다. 시골 우리 마을에서 있었던 실화다. 한밤중에 화재가 나 집이 몽땅 잿더미가 됐는데 다음날 집주인이 망연자실한 채 광에 들어가 보니 암탉이 병아리들을 날개 아래 품고 새까맣게 타서 죽어있었다. 하지만 병아리들은 화상을 전혀 입지 않은 채 살아 있었다.

지난 2013년 1월 26일자 J일보에 '불만의 시대-1000가지 감사를 써 내려간 사람'이라는 기사가 실린 일이 있었다. 주인공은 '감사 나눔 운동'을 펼치는 박점식(58)씨로 치매를 앓는 어머니(2011년 돌아가심)를 돌보며 써내려간 1000가지 감사 글이 동기가 되어 감사 나눔 페스티벌을 개최한다는 내용이었다.

(1)어머니가 살아계셔서 감사합니다. (2) 제가 어머니의 아들인 것이 감사합니다. (3)정신이 혼미한 중에도 저를 알아보신 어머니께 감사합니다. 그가 어머니를 떠 올리며 쓴 감사노트의 첫째장 내용이다. 이렇게 시작한 그의 노트에는 무려 1000가지의 감사 내용이 기록되어 있었다고 했다.

가족여행을 갔다가 자식이 늙은 어머니를 홀로 남겨둔 채 돌아가버려 경찰이 양로원에 입원시켰다는 뉴스가 한 때 자주 있었다. 놀라운 것은 그 어머니는 아들의 이름과 주소를 결코 대는 일이 없다고 한다. 자식은 어머니를 버려도 어머니는 자식을 버릴 수 없음에

서일 것이다. 요즘은 요양원에 모시는 게 다반사라고 한다. 오죽했으면 하고 이해를 할 수 있겠으나 착잡하기는 매 한가지이다.

어머니가 살아 있어서 번거롭고 불편한 불만의 시대, 그래서 부모는 어릴 적엔 디딤돌이고 나이 들면 걸림돌이 되고, 더 늙으면 고인돌이라는 말이 생겨났는지 모르겠다.

어머니, 그건 모든 인간의 영원한 안식처이다. 모든 것을 다 품어주시고 모든 것을 주고서도 더 주지 못해 안타까워하는 분이다.

어머니는 누구에게나 영원한 향수이며, 불러도, 불러도 자꾸만 그리운, 마음의 고향 같은 이름이다. 이 세상에서 나보다 나를 더 사랑하시던 분, 그 분이 바로 우리의 어머니이시다. 사랑합니다. 어머니!!

전어, 이야기로만 끝난 사연

올가을도 끝자락이다. 날씨 따라 삼라만상이 변하기 시작한다. 바람이 차지기 시작하면서 파란 하늘은 차가움을 더욱 느끼게 한다. 아름다운 색동옷으로 갈아입었던 나무들은 겨울나기를 위해 잎들과 이별을 서두른다. 거리엔 흩날리는 가로수의 낙엽이 쌓이고, 쓸쓸함만이 가득한 거리엔 옷깃을 세운 사람들의 발길이 빨라지고 있다.

이맘때 쯤이면 가을 전어도 거의 끝 무렵이다. 전어의 계절이 시작 된지도 꽤 오래 됐지만 올해는 어쩐 일인지 전어는 아직까지 입 근처에도 접근을 못해봤다. 그렇다고 이제껏 그 고소하고 맛있는 전어 탐방을 안 해 본 것도 아니다. 그동안 아내의 전어 타령(?)에도 못 이겨 가까운 노량진 수산시장에도 여러차례 가 봤고, 수산업협동조합이 운영하는 식당에도 들러 사전 주문을 해 봤지만 모두 허사였다.

나중에는 다급해서 아들과 딸에게도 연락해서 자신들이 사는 동네 음식점 가운데 전어를 파는 곳이 있으면 당장 연락하라는 밀명(?)을 내려 놓았었다. 하지만 어느 곳에서도 전어 먹으러 오라는 연락은 없었다.

옛날 속담에 '가을 전어 굽는 냄새에 집 나간 며느리도 돌아온다.'고 했는데, 아마 이 말은 가을전어 특히 전어구이가 그만큼 맛있다는 뜻일 것이다. 그런데 왜 이런 속담이 생겨난 것일까? 그리고 전어라는 이름은 돈 전(錢)자에 고기 어를 쓰는데 어째서 그런 이름이 붙은 것일까? 게다가 도대체 며느리는 왜 집을 나갔으며, 전어 굽는 냄새에 돌아온 진짜 이유는 무엇일까? 아직도 전어를 구어먹지 못하다보니 별의 별 생각이 다 떠오른다. 그래서 관련 서적을 찾아 읽어봤다.

먼저 며느리가 왜 집을 나갔느냐 하는 것이다. 며느리가 집을 나간 것은 시쳇말로 표현하자면 '무단가출'이다. 짐작컨대 그 이유는 시집살이가 너무 힘들었거나 고부간의 갈등이 컸던 게 아닌가 한다.

그래서 만약 집으로 돌아온다면 시어머니한테 엄청 꾸중을 들을 수밖에 없는 상황이다. 그럼에도 불구하고 가을 전어 굽는 냄새에 돌아온다는 것은 나중에 삼수갑산을 갈망정 전어구이가 그렇게 먹을 만한 가치가 있다는 이야기이다.

진짜 그런 것일까? 내 경험으로는 전어가 그 정도로 맛있는 생선은 아니지 않은가. 물론 사람의 입맛에 따라 다를 수는 있겠지만, 시어머니한테 심한 꾸지람을 들을 각오를 하고 돌아와 먹을 만큼은 아닌 것 같다는 것이다. 만약 그렇게 맛있다면 밖에서 얼마든지 사먹으면 되지 않는가. 그렇다면 며느리가 돌아온 진짜 이유는 무엇일까? 그 까닭은 전어구이의 고소함 이상의 무엇이 있었기 때문일 것이다.

그에 앞서 전어는 '돈 전(錢)'자를 써서 전어(錢魚)다. 하지만 생김새부터 돈과는 전혀 관계가 없는 것 같은데 그렇게 쓴다. 그러면 어째서 청어목 청어과의 작은 생선을 하필 돈과 연결지어 전어라 이름 지었을까? 궁금하지 않을 수 없다.

관련 서적을 보면 전어라는 이름 속에는 전어가 왜 특별한지를 알려줄 비밀의 열쇠가 숨어 있다. 또 집 나간 며느리가 왜 돌아왔는지에 대한 배경도 추측할 수 있고, 옛날 전어라는 생선의 가치와 심지어는 조선 시대의 어업과 어물의 유통구조, 그리고 공납(貢納)제도와 그 문제점까지도 엿볼 수 있어 여간 흥미진진한 것이 아니다.

전어라는 생선의 이름이 유래된 것은 18세기 후반 정조 때 서유구라는 사람이 쓴 [난호어목지(蘭湖魚牧志)]에 자세한 내용이 실려 있다. "전어는 고기에 가시가 많지만, 육질이 부드럽고 먹기에 좋으며 기름이 많아 맛이 좋다. 상인들이 소금에 절여 한양으로 가져와 파는데 신분의 높고 낮음을 떠나서 모두 좋아하므로 값을 생각하지 않고 사기 때문에 전어라 한다.

경제학적으로 보면 가을 전어의 인기가 워낙 높아서 사 먹는 사람이 많기 때문에 공급이 미처 수요를 따라가지 못했고, 그러기에 부르는 게 값이었다는 말이다. 때문에 돈 전자를 써서 전어가 됐다는 것인데, 아무리 그래도 그렇지 전어가 비싸봤자 얼마나 비싸다고 전어라는 이름을 붙였을까?

그 까닭은 조선시대 문헌 곳곳에서 찾을 수 있다. 전어 이름의 유래가 보이는 [난호어목지]보다 약 150년 앞선 17세기 초의 기록을 보면, 전어 값이 비싸기는 진짜 비쌌던 것을 엿볼 수 있다.

먼저 임진왜란 때 오희문이라는 사람이 전란을 겪으면서 쓴 피란일기인 [쇄미록(瑣尾錄)]이란 책에서는 "듣자 하니 시장에서는 전어 큰 것 한 마리에 쌀이 석 되"라는 기록이 나온다.

쌀값이 크게 떨어진 요즘의 기준으로도 전어 한 마리가 쌀 석 되라면 무지하게 비싼 편이다.

하물며 쌀이 지금보다 훨씬 귀했던 조선 시대 중기에, 그것도 별미보다는 곡식을 먼저 챙겼을 난리 통에 전어 값이 이 정도였으니 괜히 전어라는 이름이 생긴 것은 아닐 듯싶다.

역시 임진왜란 때 의병장으로 활약했던 조헌이 남긴 [동환봉사(東還封事)]에도 전어 가격에 대한 기록이 나온다. "경주에서는 전어를 명주 한 필과 바꾸고 평양에서는 동수어(凍秀魚)를 정포 한 필과 바꾼다."고 적고 있다. 명주는 비단이니 전어를 비단과 교환했다는 말이고, 동수어는 평양의 특산물로 겨울에 잡아서 말린 숭어다. 동수어를 무명 한 필과 바꿨다니 역시 비싸도 보통 비싼 것이 아니다.

사실 이 기록은 전어나 숭어가 맛있어 찾는 사람이 많았기에 그렇게 비싸다는 뜻으로 적은 것은 아니다. 당시 조정의 물자 수급 구조가 잘못됐다는 것을 지적한 말이다.

옛날에는 경상북도 경주에서 조정에 보내는 진상 품목에 전어가 포함되어 있었다고 한다. 하지만 경상북도 바다는 전어가 많이 잡히는 곳이 아니다. 이전에는 어땠는지 모르겠지만, 선조 무렵만 해도 이미 전어가 거의 잡히지 않았다.

전어가 주로 잡히는 곳은 서남해 바다다. 지금도 가을철에 열리는 전어 축제 중에는 충남 서천의 홍천항, 전남 광양의 망덕포구, 전남 보성의 율포항 등이 잘 알려져 있다. 이들 지역은 조선왕조실록과 지리지 등에서 모두 특산물로 전어를 꼽았던 곳이라고 한다. 공물로 전어를 바쳤던 곳은 엉뚱하게도 경주였으니 비단 한 필 가격을 지불하면서라도 시장에서 전어를 사다가 한양으로 진상하는 터무니없는 현실에 대한 비판을 했던 것이다.

경주는 특수한 사정이 있었다고 치더라도 한양 역시 전어 값이 비쌌던 데는 단순한 수급 구조 차이 이상의 이유가 있었던 것 같다. 정조 때의 실학자 서유구가 "상인들이 전어를 소금에 절여 한양으로 가져와 판다"고 한 것을 보면 그 이유를 알 수 있다. 수요와 공급의 불균형을 떠나서 400년전 상인들이 전어를 당시에는 귀했던 소금에 절여서 한양까지 운반해 팔았으니 원가구조가 만만치 않았던 모양이다. 그런데다 수요까지 넘쳐났으니 전어 한 마리가 쌀 석되 값이 나갈 정도로 하늘 높은 줄 모르고 치솟았던 것이다.

물론 보다 근본적인 이유도 있다고 본다. 지금과 달리 18세기까지만 해도 생선을 비롯한 해산물은 바닷가가 아니고는 정말 귀했다고 한다. 여러가지 이유가 있을 수가 있는데, 기본적으로 어업기술이 발달하지 못했기 때문에 어획량이 적었을 것이다. 어업구조 역시 하천어업 중심이었다. 유통구조의 문제도 있었다. 그럼에도 불구하고 집나간 며느리가 전어 굽는 냄새에 돌아온 진짜 이유는 짐작이 간다. 전어 맛을 떠나 전어가 그만큼 귀했기 때문이 아니었을까. 전어를 구워 먹을 정도로 시집의 살림 형편이 확 폈다는 표시일 수도 있다.

여하튼 지금은 옛날과 달라서 어업기술도 발달되어 있고, 어업구조나 유통구조도 비교적 잘 짜여 있는데도 전어를 서울에선 구경조차 못한다는 것은 무슨 이유일까? 상인들에 따르면 그건 어획

량의 절대부족 때문이란다. 가을 초에는 조금 잡히는가 했는데 시간이 지나면서 고기가 전혀 잡히지 않는다는 것이다. 그 이유는 중국 어선들이 싹쓸이 해간 탓이라고 한다.

  오늘도 나는 수산시장으로, 수협직영식당으로, 백방으로 전어를 구하기 위해 뛰었다. 하지만 모두 허탕만 쳤다. 이젠 아예 한 마리도 들어오지 않는다는 이야기다. 아마 올해는 전어 코빼기도 구경하기 힘들 것 같다. 그래서 아내에게 내년엔 어떤 일이 있어도 충남 서천의 홍천항에서 열리는 전어축제에 함께 가기로 약속하고 '전어 이야기'만 들려주는 것으로 타협(?)했다.

동서고금의 악처 이야기

대학 동문들과의 오찬장에서 나온 악처에 대한 이야기가 흥미로워서 공유하고자 한다. 이날 악처에 대한 이야기는 최근 '쌍방울 대북 송금'사건으로 기소된 이화영 전 경기도 평화부지사 재판에서 있었던 이 부지사 아내의 이상한 행동에 대해 이야기를 하다가 본격적으로 나온 것이다.

이 전부지사는 처음엔 혐의를 완강히 부인해 왔으나 최근 들어 검찰에서 당시 경기도 이재명 지사(현 민주당 대표)에게 이 지사의 방북 대가로 북한에 쌍방울측이 돈을 대신 내주기로 했다고 보고 했음을 진술했다고 한다. 이재명 대표가 뇌물 혐의에서 벗어날 수 없게 되는 진술이다.

이런 사실이 알려지자 이 전부지사 아내의 돌출행동이 이어졌다. 우선 남편 진술을 뒤집는 옥중 서신을 남편한테서 받아내 공개했다. 옥중서신은 이 전 부지사가 검찰에 '이재명 대표에게 보고했다'고 진술한 바가 없다며 전에 했던 진술을 부인하는 것이다. 그리고 탄원서를 만들어 검찰이나 법원이 아닌 더불어민주당에 냈다. 남편이 검찰의 회유와 압박을 받고 있다는 것이다. 그러니 남편을 위해 힘을 써 달라는 것일 게다. 물론 그녀의 주장은 사실이 아니었다. 그리고 나서도 그녀는 남편의 변호인단 해임신고서를 법원에 제출했다. 남편이 이 대표에게 보고했다고 검찰에 진술한 것이 지금의 변호사 때문이라는 것이다. 하지만 그 직후 열린 재판에서 이 전 부지사는 변호사 해임에 대해 '자기의 뜻이 아니다'라고 했다. 그러자 재판정에서 그녀는 남편을 향해 "정신 차리라"고 소리 질렀다.

이 사건의 책임을 이전 부지사가 혼자 짊어질 경우는 형량이 높게 나오지만 이재명 대표에게 보고했다면 이 전 부지사의 형량은 크게 줄어든다. 그렇다면 이 전 부지사의 아내는 남편을 위해 '이재명 대표에게 보고했다'는 진술이 유리함에도 왜 남편보다 이재명 대표를 위한 행동을 했을까?

들리는 바로는 이 전 부지사 아내는 운동권 출신으로 골수 '개딸'이라는 것이다. 그게 사실이라면 그녀는 이재명 대표를 위해서 남편이 십자가를 메고 가야 한다고 생각 할 수 있을 것이다. 그렇다면 그녀야말로 현대판 '악처'의 범주에 들지 않겠느냐는 것이 그날 모임에서의 중론이었다.

그래서 세계 4대 악처에 대한 이야기가 나왔다. 첫 번째 악처는 단연 소크라테스의 아내 '크산티페'이다. 영어로 악처가 크산티페 (Xanthippe)라고 되어 있는데, 바로 소크라테스의 아내에서 유래했다는 것이다. 그리스 말로 크산티페는 '금발의 여인' 또는 '금마(金馬)'라는 뜻이다.

그런데 왜 그녀가 악처소리를 들어야 했는가? 당시 소크라테스가 워낙 유명한 사람이니까 낮이나 밤이나 찾아오는 사람들이 많았다. 그런데 밤에 오는 손님에게 그녀는 종종 소리를 질렀다. "이렇게 늦은 시간에 남의 집에 찾아오는 무례함이 어디 있어요?" 소크라테스와 손님들은 민망해서 숨을 죽여야 했다.

어느 날은 세숫대야에 물을 담아서 소크라테스에게 엎어버렸다. 보다 못한 친구가 물었다. "자네는 탁월한 분별력을 가지고 있는 사람인데 어쩌다가 저런 여자를 골랐나?" 소크라테스는 웃으면서 말했다. "훌륭한 기수(騎手)는 제일 사나운 말을 골라 타는 법이라네. 사나운 말을 다룰 줄 알게 되면 어떤 말을 주어도 쉽게 탈 수 있거든."

두 번째 악처의 반열에 드는 여자는 톨스토이 아내 '소피아'이다. 톨스토이가 34세 되었을 때 18세 된 소피아와 결혼했다. 16세 차이였다. 그후 15년을 같이 살았다. 이 기간에 '전쟁과 평화', '안나 카레니나' 등 명작을 썼다. 그리고 자녀를 13명이나 낳았다.

그후 톨스토이는 문학에서 벗어나 사회운동에 헌신한다. 이때부터 부부사이에 금이 가기 시작했다. 소피아는 사람들과 어울려 다니는 남편에게 늘 잔소리를 해댔다. 톨스토이는 갈등을 견디지 못하고 82세에 가출했다. 그리고 아스타보라 라는 시골 역에서 쓸쓸히 폐렴으로 숨을 거두었다. 톨스토이는 죽으면서 마지막으로 말했다. "내 장례식에 저 여자만은 제발 데려오지 말아 달라."

세 번째 악처는 링컨의 아내 '매리 토드'이다. 그녀 또한 소문난 악처였다. 이 여자는 몹시 성질이 급한 사람이었다. 어느 날 링컨이 중요한 사람과 조용히 긴장된 대화를 하고 있었다. 갑자기 문을 열고 들어온 아내가 소리를 지르며 물었다. "아까 부탁한 것 어떻게 되었어요?"

링컨이 말했다. "시간이 없어서 아직 못했어요." 아내는 화를 버럭내며 문을 쾅 닫고 나가면서 소리를 질렀다. "내가 부탁한 일보다 다른 일이 더 중요하다는 말이지?"

같이 이야기를 나누던 사람이 너무나 무안하여 쩔쩔맸다. 링컨이 웃으면서 말했다. "여보게 신경 쓰지 말게. 내 아내는 저렇게 감정을 폭발시켜야만 안정을 찾는다네. 나는 내 아내가 하고 싶은 대로 내버려둔다네. 그래야 내가 편해."

마지막 네 번째 악처는 감리교 창설자 요한 웨슬리 아내 '몰리 골드호크바제일'이다. 웨슬리가 47세 때였다. 다리 위를 걷다가 넘어졌다. 다리뼈를 크게 다쳤다. 그 모습을 사업가 미망인으로 아이가 4명이나 있는 몰리라고 하는 여인이 보고는 극진히 간호하여 주었다. 그래서 그녀와 결혼을 하게 되었다.

4년 후 그는 동생 찰스 웨슬리에게 이렇게 말했다. "우리의 사랑은 이미 없다고 선언한다" 그만큼 요한 웨슬리는 아내 몰리에게 시달림을 받았던 것이다. 그녀는 남편 웨슬리에게 이런 요구를 하기도 했다. "친구를 집으로 초대하지 말 것, 책상에서 당신 돈을 가져가도 말하지 말 것, 외출할 때는 자세히 보고하고 나갈 것"등이었다.

그녀는 남편을 늘 포로처럼 취급했다. 편지가 오면 먼저 뜯어보고 다른 사람들에게 함부로 보여주었다. 언어가 상스러웠다. 남에게 남편을 중상모략하기 일쑤였다. 한 번은 사람들이 보는 앞에서 남편의 머리채를 끌어당기며 질질 끌고 다니기도 했다. 이만하면 악처 중에 악처가 아닌가.

그런데 이런 악처의 남편들에게는 공통점이 있다. 아내가 자타가 공인하는 악처임에도 자신의 사명이 무엇인지 알고 그것만을 위해 아픔을 이겨내며 전진해 인생 승리를 하였다는 점이다. 과연 이화영 전 부지사는 아내의 방해에도 참고 견디며 자신의 의지대로 인생에서 승리할 수 있을까? 두고 볼 일이다.

건망증

　오늘 아침에 있었던 일이다. 아침 식사를 마치고 나니 아내가 갑자기 보건소에 같이 가보자고 한다. 자기와 내가 요즈음 들어 건망 증세가 심한 것 같으니 혹시 치매의 시초가 아닌지 한번 검사를 받아보자고 한다. 마침 보건소 치매예방지원센터에서 오전 11시까지만 오면 무료로 기억력을 검진해 준다는 안내문자가 왔으니 가보자는 제안이었다.

　실제로 우리 부부가 겪는 기억력 저하 증세는 최근에 부쩍 늘어나고 있는 것 같다. 물건을 어디다 두었는지 몰라 한참을 찾는 것은 기본이고, 전화번호나 사람이름을 자주 잊어버리는 경우도 점점 많아지고 있다. 심지어 심한 경우는 시집간 딸의 이름이 얼른 생각이 나지 않아 애를 먹은 일도 있다.

　어떤 때는 냉장고 문을 열고 무엇을 꺼내려 했는지 생각이 나지 않거나 마트에 가서 사려던 물건이 무엇인지 전혀 생각이 나지 않아 그냥 집으로 돌아온 때도 있었다. 그 뒤로는 장보러 갈 때는 미리 살 물건들의 이름을 반드시 적어가지고 가는 습관을 들였지만 그 때 적은 메모지를 집에 놓아두고 가는 경우엔 말짱 허사가 되기도 한다. 어쩌다 외출을 할 때는 손전화기를 두고 나와 한참을 갔다가 다시 집으로 돌아오는 일도 있었고, TV나 가스 불을 끄지 않고 나온 것 같아 집에 다시 돌아가 보면 제대로 끄고 나온 것을 발견하고는 안도의 한숨을 쉬는 일도 종종 있었다.

희미하게 빛바랜 사진들처럼 세월과 함께 조금씩 기억이 사라진다는 것은 어쩌면 당연한 일인지 모른다. 하지만 최근엔 새로운 기억들도 쉽게 바래지고 있으니 아내의 생각으로선 이게 치매의 초기 단계는 아닌지 의심이 가지 않을 수 없었나 보다.

최근 보도에 따르면 치매환자가 급증해 가족은 물론 사회적으로도 큰 문제가 되고 있다고 한다. 보건 당국에 의하면 국내 65세 이상 치매 인구는 지난 2008년 42만 1000명에서 지난해에는 53만 4000명으로 11만 3000명이 늘어났으며, 이런 추세로 보면 오는 2025년에는 100만 명을 넘어설 것으로 예상되고 있다는 것이다.

그러다보니 시중에는 건망증과 치매를 구분하는 방법으로 만든 재미있는 이야기도 많이 나돌고 있다. 예컨대, 우리 집 주소를 잊어버리면 건망증이고, 우리 집이 어디인지 잊어먹으면 치매라든가, 아내의 생일을 잊어먹으면 건망증이지만, 아내의 얼굴을 잊어먹으면 치매이고, 또 볼 일을 보고 지퍼를 안 올리면 건망증이지만, 지퍼를 안 내리고 볼 일을 보면 치매라는 것이다.

치매 부부에 얽힌 유머도 있다. 한 가지만 예를 들어보자. 어느 날 한 할머니가 동창회에 참석했는데, 다른 친구들이 교가를 몰라서 자기가 혼자 불렀단다. "동해물과 백두산이 마르고 닳도록~" 친구들은 자기들은 벌써 잊어버렸는데 잘도 기억한다면서 모두 감탄해 하며 박수를 치고 칭찬했다는 것이다.

할머니가 집에 돌아와서 할아버지에게 이날 있었던 일을 자랑했다. "그래? 그럼 그 교가 다시 한 번 불러보구려!" 할머니가 또 노래를 불렀다. "동해물과 백두산이 마르고 닳도록~" 듣고 있던 할아버지가 고개를 갸우뚱하고 하는 말이 "이상하다, 학교는 다른데 왜 우리 학교 교가하고 똑 같지?" 라고 말하더란다.

내 친구들을 예로 들면 50대 초반까지만 해도 모임에서 만나면 정치 경제 사회 등 전반에 걸쳐 이야기를 나누곤 했다. 하지만 이제는 건강에 관련된 이야기가 주를 이룬다. 그 중에서도 건망증이 화두다. 저마다 그로 인한 실수담도 한두 가지가 아니다. 모임 내내 그런 이야기를 하다보면 결국 돌아오는 것은 심한 공허감뿐이다.

의사들은 건망증이 병인가에 대해 '나이 들어 찾아오는 자연스런 현상'이라고 말한다. 전문적인 설명으로는 기억력이 감퇴하는 이유는 '기억력을 주관하는 뇌조직의 손상이나 재활기능 저하에서 비롯되기 때문'이라고 한다. 즉, 나이가 들면 신경세포(뉴런 Neueon) 사이를 연결해 주는 신경세포 연결부가 새로 형성되기 어렵기 때문에 기억력 저하가 생긴다고 말한다. 여기서 뇌손상 요인으로는 흡연이나 음주, 신경쇠약, 과로, 영양부족, 수면부족, 스트레스, 외부 충격이나 자극 등을 들고 있다.

이날 우리 부부가 보건소에 도착한 것은 오전 10시 쯤이었다. 치매예방지원센터를 찾아가니 '인지기능선별검진'이라는 검사를 실시하자고 한다. 이 검진 방법은 세계 70여 개국에서 사용하고 있는 매우 신뢰도가 높은 검진 방법인데, 인지기능(기억력)이 정상인지 아닌지 확인하는 것이라고 한다. 20여 가지의 선별도구로 검사한 결과는 아내와 내가 모두 치매와는 관계가 없이 단순 기억력 감소로 판명됐다. 천만다행한 일이다.

예방지원센터를 나설 때 검사 담당자는 우리 부부에게 기억이 깜빡깜빡할 때가 치매를 예방하라는 신호라고 말하면서 6가지 치매예방을 위한 인지건강 수칙을 알려주었다. 그 내용은 규칙적인 운동을 하고, 금연을 하며, 사회활동을 활발히 하고, 머리를 많이 쓰는 두뇌활동을 하며, 절주를 하고 마지막으로 뇌 건강에 좋은 식품을 많이 섭취하는 것이다.

나이가 들면서 찾아오는 신체 본래의 기능 저하는 누구나 맞이하게 되는 자연의 순리임에 틀림없다. 노화되어 귀가 어두워지고, 눈이 침침해지고, 미각이 둔해져 가는 것은 그 나이에 필요한 것만 보고 듣고 살라는 뜻이란다. 밝아진 지혜로 세상일에 참견하려들다가는 잔소리만 늘고, 쓸데없는 스트레스에 시달리게 된다는 것이다. 위로하는 말일 게다. 하지만 조물주가 인간을 창조할 때 이미 그 나이에 맞게 필요한 만큼의 기능만 유지시키고 그 나머지는 점점 퇴행되게 만들었다는 말도 일리는 있는 것 같다.

그럼에도 불구하고 매일 매일 일어나는 수많은 일 가운데 나의 기억에 남은 이야기가 그다지 많지 않다는 것에 서글퍼지는 것은 사실이다. 그러나 어쩔 것인가. 그게 자연의 섭리라고 하는데 말이다. 그러니 앞으로도 복잡한 세상에 소용없는 일들은 되도록 잊고 살려고 한다. 그리고 그게 늙으면 단순하고 자유롭게 살아도 된다는 창조주의 의도라고 여길 것이다. 더욱이 우리 부부의 건망증이 치매로 진단 받을 만큼 심각한 것이 아니라니 그다지 위축될 일도 아닌지 않은가. 그래도 보건소 직원이 알려준 인지건강수칙은 철저히 지켜나감으로써 치매로 이어지는 일은 없도록 해야겠다.

부부 사이란?

대학 동기모임에 나갔다가 전해들은 이야기이다. 한 여성이 부부세미나에 갔다가 강사로부터 이런 말을 들었다. "요즘 부부들은 대화가 너무 부족합니다. 부부가 서로의 장단점을 말해보면 어떨까요. 아마도 그러면 대화의 장이 열리기 쉬울 것입니다."

"그녀는 집에 돌아오자마자 그 강사의 말대로 남편에게 "우리 서로 부족한 점을 터놓고 솔직하게 하나씩 말해봅시다"하고 권했다. 남편은 주저주저 하다가 마지못해서 "그러자"고 대답했다. 먼저 아내가 남편의 단점을 마치 속사포처럼 쏟아내기 시작했다.

"당신은 음식을 먹을 때 마구 소리를 내고 먹는데 다른 사람도 생각해서 제발 교양있게 들었으면 해요." 이제 남편 차례가 왔다. 그런데 어쩐 일인지 남편은 아내의 얼굴만 물끄러미 쳐다만 보고는 아무소리도 안 했다. 아내가 "왜 아무 말도 하지 않으냐"고 물었다. 그래도 남편은 아내를 그저 조용히 바라만 보고 있었.

왜 그랬을까? 남편이 아내의 얼굴을 천천히 바라보니 옛날 연애

하던 시절의 아름답기만 했던 모습이 아련하게 떠올랐던 것이다. 그리고 자기에게 시집와서 오로지 가족들을 위해서 헌신적이던 아내를 생각하니 미안한 마음만 들었다. 남편은 결국 "아무리 생각해 봐도 별로 생각나는 게 없는데…" 하면서 말끝을 잇지 못했다.

그렇다. 이거야말로 오늘날 많은 아내들이 듣기를 원하는 남편의 대답이 아닌가. 사실 남편도 막상 아내의 단점을 지적하자면 얼마나 많겠는가. 백화점에 가서 바가지를 쓰고 와서는 징징거리던 일, 가스 불을 켜 놓은 채 잠들었다가 불 낼 뻔 했던 일, 식당에 가서 밥 먹고 현관문 열쇠를 두고 온 일, 어디서 졸음운전 하다가 앞서 가던 남의 차를 들이받은 일 등등 너무나 많을 것이다.

그런데도 "별로 생각나는 게 없다"라고 말 할 수 있다니, 참으로 멋진 남편이 아닌가. 이처럼 부부란 서로 실수나 실패를 지적하지 않고 덮어주는 것이 아닌가 한다.

서로가 험담을 하기보다는 격려하는 자세, 이게 바람직한 부부상인 것이다.

하지만 필자처럼 노년이 됐을 때의 부부간 생활모습에 대한 이야기는 좀 다르다. 어찌 보면 노년 부부의 일상을 보여주는 이야기는 들어서 슬프기만 하니 말이다.

다음 이야기는 이미 널리 알려진 내용이지만 다시 들어도 코끝이 시큰둥해진다.

지난 2019년 봄이었다. 소설 '흙'의 무대였던 평사리 최참판댁 행랑채 마당에서 박경리 문학관이 주최한 '제1회 섬진강에 벚꽃이 피면 전국 시 낭송회'에서 있었던 이야기다. 이날 대상을 수상한 이생진 시인의 '아내와 나 사이'라는 작품은 다음과 같다.

"아내는 76이고 나는 80입니다. 지금은 아침저녁으로 나란히 하고 걸어가지만, 속으로 많이 다툰 사이입니다. 요즘은 망각을 경쟁하듯 합니다. 나는 창문을 열러갔다가 창 앞에서 우두커니 서 있고, 아내는 냉장고문을 열고서 우두커니 서 있습니다. 누구의 기억이 일찍 들어오나 기다리는 것입니다.

그러나 기억은 서서히 우리 둘을 떠나고 마지막에는 내가 그의 남편인 줄 모르고 그가 내 아내인 줄 모르는 날도 올 것입니다. 서로 모르는 사이가 서로 알아가면서 살다가 다시 모르는 사이로 돌아가는 세월, 그것을 무어라고 하겠습니까. 인생? 철학? 종교? 우린 너무 먼 데서 살았습니다."

이 시를 두고 한 문학평론가는 그날의 현장을 이렇게 서술했다. "60여명이 참가한 이날 대회에서 70대 후반쯤 되어 보이는 남성 낭송가의 떨리고 갈라지는 목소리에 실려 낭송된 이 시를 듣는 청중들은 하나같이 눈시울을 붉혔다. 이처럼 좋은 낭송은 시 속의 '나'와 낭송하는 '나'와 그것을 듣고 있는 '나'를 온건한 하나로 만들어 준다."

내 몸의 주인인 기억이 하나 둘 나를 빠져 나가서 마침내 내가 누군지도 모르게 되는 나이. 바로 그게 지금의 내 나이다. 나 역시 가끔은 거실 베란다 문을 열려고 갔다가 그 새 거기에 내가 왜 갔는지 잊어버리고 창밖을 멍하니 바라보는 때가 있다.

아내도 냉장고문을 열어 놓은 채 그 앞에 우두커니 서 있는 장면을 자주 목격하게 된다.

이런 장면은 우리 부부처럼 금혼(金婚)을 훨씬 지난 부부에게는 흔히 있는 일이다.

그래서 이 시를 읽으면 그런 장면들이 너무도 실감난다. 그리곤 괜히 먹먹해지고 울컥해진다. 시인은 이런 참담한 상황을 "우리의 삶이란 서로 모르는 사이가 서로 알아가며 살다가 다시 모르는 사이로 돌아가는 세월일 뿐"이라고 차분히 정리한다.

시인은 이어서 "거창하게 인생이니, 철학이니, 종교니 하며 마치 삶의 본질이 거기에 있기나 한 것처럼 떠드는 사람들이 얼마나 어리석은 것인가"라고 묻는다. 그러면서 "진리는 가운데 있었는데 너무 먼 데서 살아온 '아내와 나 사이의 거리'는 우리의 어리석음이었다."고 자책(自責)한다.

평자(評者)는 말한다. '오래된 미래'라는 말이 있다. 다가올 시간이지만 이내 충분히 예견된 탓에 낯설지 않은 미래. 이걸 우리는 '오래된 미래'라고 부른다. 노후(老後)가 그 중 하나다. 누구나 피해 갈 수 없는 외길이다. 지금의 단계를 지나면 다음 단계가 온다는 것을 우리는 알고 있다. 짐짓 모르는 척 할 뿐이다."

그 미래가 아직은 오지 않았지만, 시간은 쏜 화살 같이 빠르게 지나니 지금부터라도 범사(凡事)에 항상 감사하면서 살아가야겠다. 누구나 해당되는 말이다. "부부 사이란 서로 모르는 사이가 서로 알아가며 살다가 다시 모르는 사이로 돌아가는 세월을 함께 살아가는 것뿐이다"라는 시인의 말이 오늘 더 가슴에 와 닿은 이유는 무얼까.

제2부

장맛비 쏟아지던 날

어느 가을날의 산책

 오랜만의 가을 산책이었다. 서울을 벗어나 안양 쪽으로 10여분 가량 달렸을 뿐인데 경치며 공기가 한결 달콤하다. 아내는 조용히 차창 밖을 내다보며 스쳐지나가는 가을경치에 다소 놀라는 눈치다. 처음 병원에서 진찰 결과를 통보 받고 나올 때처럼 우울한 빛은 전혀 보이지 않았다.
 목적지인 백운호수에 도착하여 차를 주차장에 세우고 산책길로 들어섰다. 숲길을 걷는 동안 가을 햇살의 속삭임이 얼굴을 간지럽게 한다. 요즘 들어 나무와 풀과 공기는 하루가 다르게 가을빛을 더해 가는 것 같다. 불과 보름 전에 찾았을 때만 해도 나무들은 푸른 잎을 자랑했는데 이젠 온 산이 울긋불긋한 색동옷으로 갈아입기에 바쁜 듯했다.
 입동을 앞두고 있어서인지 아침 기온은 약간 쌀쌀한 편이나 한낮의 햇살은 포근하고 따뜻한 온기를 느끼게 한다. 들녘마다 여기저기 타작하지 않은 볏짚들이 세워져 있고, 이삭을 줍는 백로 한 쌍이 한가롭게 거닐고 있다. 숲길을 따라가다 보니 간간이 힘들면 쉬어가라고 만들어 놓은 나무의자를 만난다. 우리보다 일찍 나선 산책객들이 이미 의자를 차지하고 망중한을 즐긴다.

가던 길을 멈추고 호수 쪽으로 가까이 가자 물오리들이 윤슬이 달아날까봐서인지 조심조심 수변가로 다가와 말을 건넨다. 윤슬은 햇빛이나 달빛에 비치어 반짝이는 잔물결을 말한다. 영롱한 윤슬의 자태가 우리 보고 산책 나온 김에 가을을 만끽하라고 손짓하는 것 같다.

매번 올 때마다 느끼는 것이지만 백운호수의 윤슬은 아름답기 그지없다. 사람들은 물비늘이라고도 부르지만 내게는 왠지 윤슬이라는 말이 더 정감이 간다. 순 우리말이라 더욱 아름답고 사랑스러운가 보다.

아내가 건강에 이상을 느낀 것은 지난 여름부터였다. 전에는 가사를 보거나 함께 걷기운동을 해도 숨이 가쁘거나 걷기가 부자유스럽지 않았다. 10여 년 전에 암 투병을 하거나 그 뒤 무릎 연골수술을 받았을 때도 잘 견뎌낸 그녀였다. 그런데 이번은 달랐다. 동네 의원을 찾아가 진찰도 받아보고 한의원도 찾았다. 나이 들어 기력이 쇠진해진 것 같다는 말에 한약도 지어 들게 했다.

시간이 흘러가도 차도가 없으니 백약이 무효라는 말이 여기에 해당하는 것 같았다. 대학병원에 가 보기로 했다. 숨이 가쁘다고 해서 처음엔 심장내과를 찾았다. 검진결과는 심장이 70대 노인답지 않게 튼튼하고 혈관도 이상이 없다고 했다.

그 말을 들은 아내의 얼굴에 생기가 도는 듯 했다. 심장에 아무런 이상이 없다니 꽤나 안도하는 모양이다. 며칠 동안 식사도 잘하고 숙면하며 걷기운동도 나갔다. 하지만 얼마가지 않아서 병세는 더 나빠지는 것 같았다.

동네 의원을 다시 찾아가 대학병원 신경과를 안내받아 달려갔다. 이틀에 걸쳐 MRI 검사와 CT 촬영 등 몇 가지 검사를 받았다. 한 주일 뒤 검사결과를 보러 다시 병원을 찾았다. 담당 의사는 아내의 병은 근본적으로 뇌에서 도파민 분비가 적어서 그런다며 초기에 불과하니 너무 걱정하지 말라고 했다. 하지만 그 말을 듣는 순간 가슴이 덜컹 내려앉고 앞이 캄캄해지는 것 같았다.

아내의 표정을 살폈다. 너무도 담담한 것 같았다. 어느 정도 예감하고 있었던 듯 했다. 담당의사선생은 그런 아내를 향해 다독이듯이 말했다. "어머니, 너무 놀라셨지요? 걱정하지 마세요. 요즘은 약으로 얼마든지 치료하면서 일상생활을 할 수 있으니까요. 젊은 사람들도 그런 경우가 많아요. 치료하면서 다 직장에 다녀요. 처방을 해 드릴테니 한 달 뒤에 경과를 보고 약을 조절하겠습니다."

그 날 이후 한 달 간 약을 복용했다. 보름쯤 지나서 다소 상태가 호전되는 것 같았다. 숨도 덜 차고 걷기도 곧잘 한다. 한 달 만에 병원을 찾아 다시 진찰 받고 2개월 치 약을 받아가지고 나왔다. 그리고 그 길로 차를 몰아 백운호수를 찾아 가을 산책에 나섰다.

호수를 끼고 돌아가는 산책로 군데군데 설치해 놓은 운동시설엔 우리 동네 시장처럼 많은 사람들이 모여 운동을 하고 있다. 우리 내외는 가을볕에 일광욕을 하는 셈치고 황소처럼 느릿느릿하게 걷는데 이따금 젊은 사람들이 바람을 일으키며 곁으로 빨리 스쳐 지나간다. 한 30여분쯤 걷다가 숲길에 놓여 있는 긴 의자에 앉았다. 호수에서 불어오는 바람이 억새꽃을 흔들고 지나간다.

호수에서 노니는 물오리를 물끄러미 바라보고 있는 아내에게 우리가 한 평생 살면서 겪었던 고난과 축복의 순간들을 이야기해 주었다. 그 중에서도 우리 내외가 주거니 받거니 하면서 암이라는 병고를 이겨냈던 이야기와 아들과 딸이 태어났을 때 기뻤던 순간, 그리고 대학을 다니고 결혼을 시키고, 손자 손녀를 안겨주었을 때의 행복했던 과정들을 함께 반추했다.

그러면서 그동안 뒷바라지를 해준 아내의 노고를 치하하고 이 모두가 하나님의 은혜가 아니냐고 했다. 아내는 고개를 끄덕이며 호수에서 은은히 빛을 발하는 윤슬처럼 몸과 마음이 평안하다고 했다. 나는 아내에게 용기를 줄 이야기를 해줘야겠다고 생각했다.

"만약에 이 세상이 밝은 대낮만 계속된다고 생각한다면 어떻게 될까요? 아마 얼마 못가서 모두 생명을 잃어버리고 말 것입니다. 누구나 어둠은 싫어합니다. 하지만 어둠이 있기에 쉬면서 삶을 살아갈 수 있는 것이 아닌가요. 그렇게 보면 낮도 밤도 모두 삶의 일부입니다. 어둠이 있어야 빛이 더욱 빛나듯 시련이 있어야 삶은 더욱 풍요로워진다고 봐요."

아내는 내말에 수긍한다고 했다. 하나님이 살아 계신데 기도하면 되니 걱정하지 않는다고 했다. 그러면서 오늘 가을 산책은 소중하고 즐거웠다고 했다. 아내의 얼굴에 환한 미소가 피어나는 것을 보면서 아내를 부축해 자리에서 일어났다.

그 때 저 멀리 서쪽 지평선을 넘던 저녁노을이 안쓰러운지 눈시울을 붉히며 우리 내외의 등을 밀어주었다. 덩달아 지나가던 하늬바람도 힘을 보태주었다.

아내의 병상 일기-1

아내가 암 수술을 받은 지 어느새 1년 6개월이 지났다. 그동안 주님의 은총으로 항암치료도 잘 받았고, 왼쪽 무릎이 약간 아픈 것을 빼고는 별다른 후유증도 발견되지 않고 있다. 그래서 우리 가정엔 다시 희망의 빛이 비치고, 행복이 되찾아 왔다.

지난주에 병원에서 수술 후 1년 6개월이 됐으니 종합검사를 받으라는 통보가 왔다. 나는 아내의 쾌유를 비는 기도를 늘 밤마다 드려오고 있지만, 종합검사를 앞두고 특별기도 시간을 가졌다. "전지전능하신 하나님 아버지, 아내를 거룩한 손으로 치료해주시어 완쾌되도록 해주시기를 간구합니다." 나의 특별기도는 한 시간에 걸쳐 드려졌다.

검사 당일은 종전처럼 아침을 굶고 채혈을 한 뒤, 초음파검사에 이어 CT와 MRI 촬영을 했다. 검사는 아무런 부작용 없이 3시간 만에 모두 끝났다. 검사가 진행되는 동안 나는 대기실 의자에 앉아 검사가 순조롭게 진행되고, 결과도 좋게 나오게 해달라고 하나님께 기도했다.

　1주일 뒤 검사결과를 보는 날이 찾아왔다. 우리 내외는 조마조마하는 마음으로 병원으로 주치의를 찾아 뵈었다. 매번 그렇지만 이 순간만큼은 아무리 강심장이라 해도 괜히 가슴이 떨리고 안절부절 못하게 한다.

　나는 컴퓨터 화면을 응시하고 있는 주치의의 얼굴표정을 봤다. 얼굴에 엷은 미소가 도는 것을 보았다. 그리고 말씀 하신다. "이번에 검사한 결과는 모두 좋습니다. 별다른 이상이 발견되지 않았습니다. 3개월 치 복용할 약을 처방해 드리겠습니다." 나와 아내는 동시에 안도의 한숨을 쉬었다. 그리고 입에서 나오는 첫 마디는 "주님, 감사합니다."였다.

　"아침에 병원에 도착했을 때는 수심이 가득했던 아내의 얼굴 표정이 일시에 화색이 도는 것 같았다. 나는 병원에서 돌아오는 차 속에서 아내의 손을 꼭 잡고 말했다. 모두가 주님의 은혜입니다. 거기에 암을 이겨내야겠다는 당신의 굳은 의지가 큰 도움이 됐을 거예요. 하루도 빼지 않고 걷기운동을 했고, 식이요법도 잘 지켜왔지 않았소." 나의 말에 아내는 겸양했다.

　"아니에요. 당신의 도움이 컸어요. 매일 저녁마다 물리치료도 해주시고, 숲길에도 자주 데려가 줬잖아요. 고마워요" "그래요, 앞으로도 완쾌될 때까지 운동요법과 자연치유법, 식이요법 등을 철저히 해 나갑시다."

"나는 운전을 하면서 데살로니가 5장 16절에서 18절에 나오는 사도 바울의 말씀대로 항상 기뻐하고 쉬지 말고 기도하며 범사에 감사"하면서 살자고 말했다. 아내도 "지금처럼 매사를 긍정적으로 생각하고, 항상 기도하고 범사에 감사하는 마음으로 살겠다."고 다짐했다. 나는 차를 근교 유원지로 몰았다. 기쁨과 기도와 감사를 우리 내외의 생활지표로 다시 인식한 날을 기념하여 근사한 식당을 찾아 나섰다. 가는 동안 임수정의 '부부'라는 CD를 틀었다. 음악이 흘러나오는 차창 밖으로 야산의 오색단풍이 우리를 축복하면서 동행해 주었다.

아내의 병상일기-2

엊그제가 우리 부부의 결혼 46주년이 되는 날이다. 2년 전 이날 아내는 병원에 입원하여 암 수술을 받았다. 그로부터 벌써 2년이 경과하여 종합검진을 받아야 했다. 매번 그랬지만 아내는 검사를 받으며 그 힘든 과정을 잘 참아냈다. 이번에도 아침을 굶고 채혈부터 시작하여 초음파 검사와 골밀도 검사, 골 스캔 검사, CT촬영 등 6가지의 검사를 거쳐야 했다. 나도 덩달아 아침밥을 들지 않고 검사 과정을 따라 다녔다. 아내가 검사를 받는 동안 나는 아내의 검사가 순조롭게 진행되고 그 결과도 좋도록 도와주실 것을 하나님께 간절히 기도했다.

다행히 검사는 순조롭게 진행됐다. 아침 8시부터 시작한 검사는 오후 3시가 돼서야 끝났다.

검사 결과는 1주일 뒤에 나오겠지만, 검사 받는 도중 별 이상이 없다는 소견을 들을 수 있었다. 얼마나 감사한지 모르겠다. 사실 지난달에는 나도 암수술한지 10년째가 되어 종합검진을 받은 바가 있다. 그 때 나 역시 고생한 기억이 생생했기에 집으로 돌아오는 차 속에서 잘 참아준 아내에게 수고했다는 말과 함께 다음과 같은 일화를 들려주었다.

"여보, 당신도 잘 알겠지만 누구에게나 일평생 한 번 쯤은 시련이 있게 마련인 것 같소. 그래서 우리 내외도 암 투병이라는 큰 시련을 겪는 것 같소. 그래도 우리 내외는 성공적으로 수술을 받았고, 경과도 좋아서 나는 이렇게 글을 쓸 수 있고, 당신도 투병생활 중에도 교회 봉사활동을 하고 있으니 하나님의 은혜가 얼마나 크고 높은지 모르겠어요. 결국 우리들의 시련은 축복이 아닌가 합니다." 아내는 내 이야기에 귀를 기울이면서 그렇다고 맞장구를 쳤다.

"내 재미나는 이야기 하나 들려줄까요? 젊은 어부가 바다에서 고기를 잡는데 해초가 많아 방해가 되자 제초제를 뿌려서 해초를 없애기로 했답니다. 그러자 이를 본 늙은 어부가 해초가 없어지면 물고기의 먹이가 없어지고, 먹이가 없어지면 물고기도 없어진다고 말했습니다. 우리들은 장애물이 없어지면 행복할 것이라고 믿습니다. 하지만 그렇게 되면 장애를 극복하려던 의욕도 함께 없어지지요. 우리의 삶도 마찬가지죠. 시련이 있어야 삶의 의욕도 생겨나는 것입니다." 나의 이야기는 식당으로 자리를 옮긴 후에도 계속됐다.

"얼마 전 TV에서 봤는데 남태평양 사모아 섬에서는 바다거북들이 봄이면 해변으로 올라와 모래에 구덩이를 파고 알을 낳더라고요. 알에서 깨어난 새끼들은 바다를 향해 새까맣게 기어가는 것을 봤어요. 정말 장관이더군요. 그런데 한 번은 해양학자들이 산란기 바다거북에게 진통제를 놓아주었다고 해요. 그랬더니 거북들은 고통 없이 알을 낳았지만, 제가 낳은 알을 모조리 먹어치우더랍니다. 과학자들은 고통없이 낳은 알이라 모성 본능이 일어나지 않아 그랬을 거라고 추측했습니다." 아내는 자기도 그 프로그램을 재방시간에 보았다고 했다. 나는 말을 계속했다.

"특별히 사람은 시련이 닥치더라도 창조주에게 의지하면 이겨내지 못할 것은 없다고 봅니다. 그러니 어찌 보면 시련은 우리의 삶을 더욱 살찌게 하는 축복일 수도 있다는 생각이 듭니다. 남은 투병생활 3년도 열심히 하나님을 의지 하면서 약을 들면 반드시 완쾌하리라고 믿습니다. 여보, 용기를 내요. 알았지요?" 말을 이어가면서 보니 아내의 얼굴에 환한 미소가 피어나는 것을 볼 수가 있었다.

아내의 병상일기-3

 아내의 고통스런 신음소리에 잠을 깬 것은 어제 새벽 3시쯤이었습니다. 곤히 잠자던 아내가 갑자기 일어나더니 열이 오르고 옆구리에 통증이 온다며 어쩔 줄을 모르는 것입니다. 나도 잠결에 일어나긴 했으나 당황하여 생각해 낸 것이 내가 먹으려고 지어다 놓은 몸살감기약을 먹도록 하는 것이었습니다. 그리고 목이 탄다면서 사이다가 먹고 싶다고 해서 얼른 옷을 갈아입고 24시 편의점으로 달려가 사다 주었습니다. 그래도 고열에 오한의 증세는 좀처럼 가라앉지를 않았습니다. 다급해진 나는 119에 전화를 걸어 병원 응급실로 이송해줄 것을 부탁했습니다.

 응급조치 후 계속된 검사 결과는 병명이 급성신우염이랍니다. 이 병은 남성보다는 여성이 많이 발생하며, 신장에서 요도로 보내기 전 소변을 모아두는 장소에 세균이 감염되어 염증을 유발한다는 것입니다. 노인의 경우는 대개 감기나 급성방광염을 앓다가 발생하기 쉬운데 요즈음 유행병처럼 환자가 급증하고 있다는 주치의의 설명이었습니다.

　다음날 아침 회진에서 주치의는 "그대로 방치해 뒀다가는 더 큰 질병이 발생할 수 있다"면서 "빨리 입원치료 하기를 잘 했다"고 말했습니다. 그러면서 그는 "며칠만 치료하면 완쾌할 수 있으니 너무 걱정하지 마시고 식사를 잘 하시라"고 일렀습니다. 주치의의 친절한 설명을 듣고나니 무척 안심이 됐습니다. 그래도 나는 하나님에게 의지하기로 하고 성경책을 꺼내 이사야 41장 10절을 봉독했습니다.

　"두려워 말라 내가 함께 함이리라 놀라지 말라 나는 네 하나님이 됨이리라 내가 너를 굳세게 하리라 참으로 너를 도와주리라 참으로 나의 오른 손으로 너를 붙들리라" 내가 조용히 성경 구절을 읽는 동안 아내는 눈을 감고 묵도를 하더니 '아멘!'하고 기도 합니다 "여보 이 성경 말씀대로 두려워하지 말아요. 꼭 주님께서 당신을 붙들어 주실 것이에요."그리고 나는 내가 지은 책 (당신의 모자는 누구십니까?)에 소개된 '어린이의 믿음'이란 이야기를 아내에게 들려주었습니다.

　〈여객선 한 척이 항해 도중에 예상하지 못했던 거센 폭풍우를 만났답니다. 배는 집채보다도 더 큰 파도에 이리 밀리고 저리 밀리며 마치 나뭇잎처럼 흔들리고 있었습니다. 승객들은 하나 같이 불안에 떨어야 했습니다. 여객선 주위로는 무서운 상어떼들이 몰려들고 있었어요.

　배가 침몰하면 승객들은 자신들이 상어의 밥이 될지도 모른다는 생각에 살았어도 살았다고 생각할 수 없는 상황이었습니다.

　그런데 그런 와중에서도 승객 가운데 한 어린이는 아무 일도 없다는 듯이 뱃머리에 나가서 바다 구경을 하면서 놀고 있었습니다. 그 때 다른 승객 한 명이 어린이에게 다가가서 "위험하니 배안으로 들어가자"고 했습니다. 그러자 어린이는 "하나도 무섭지 않다"면서 자신의 아버지가 이 배의 키를 잡고 있는데 1등 선장이라며 걱정하지 말라고 하더랍니다.

　그 승객이 "아버지에 대한 믿음이 대단하구나!"하면서 배 안쪽으로 들어가려하자 그 어린이는 그 승객을 향해 이렇게 소리치더랍니다. "아저씨! 하나님께 기도하세요. 우리 아버지는 하나님을 의지하고 사는 분이세요. 아마 지금도 마음속으로 기도하고 계실걸요. 걱정하지 마세요." 이 어린이의 마음은 하나님을 믿는 것이었답니다. 이야기를 끝낸 나는 아내에게 "우리도 하나님을 믿고 함께 기도하자"고 했습니다.

아내의 병상일기-4

아내의 병명은 '신우신염'이라는 것이었다. 콩팥에 바이러스가 감염되어 염증을 일으키는 병이다. 치료는 항생제를 써서 염증을 가라앉히는 것이다. 보통 1주일 이상 입원치료를 받고 한달은 통원치료를 받아야 한다고 한다. 아내는 적시에 치료한 결과 예정대로 1주일 만에 퇴원할 수 있었다. 천만다행이다.

하지만 기운을 차리는데 많이 힘들어 한다. 입맛이 없어 식사를 제대로 못하니 회복이 느린 것 같다. 힘든 일을 하거나 스트레스를 받으면 재발 위험도 있는 병이라서 여간 신경이 쓰이는 것이 아니다. 그러니 아내가 병석에 누우면서부터 나는 주부 아닌 주부로서 살지 않을 수 없게 됐다.

평상시 아내는 보통 4시쯤에 일어나 세수부터 하고 밥을 안치는 것 같았다. 멥쌀과 찹쌀, 콩을 씻어 전기밥솥에 넣고 국과 찌개를 만들어 끓이고, 반찬들을 마련하곤 했다. 밥이 되는 동안 집안 청소를 하고 음식쓰레기를 버린 뒤 조반을 들었다. 아침 식사를 마치면 곧바로 설거지를 한다. 다음 식사를 위해 밥통도 설거지에 포함시킨다.

간단히 과일과 커피를 들고 나면 바로 마른 빨래를 개켜 넣고 세탁기를 돌린다. 탈수된 빨래를 건조대에 널고 다음은 보리차를 끓인다. 이게 보통 아내의 아침 일과였다. 밥하고 빨래 하고 청소하면서 실내에서 걷는 걸음수를 재봤더니 2천보가 넘는다고 한다. 힘은 들겠지만 아침 운동치고는 꽤 괜찮은 것 같다고 생각했었다.

그러다 보니 아침에 TV 프로그램을 시청하거나 조간신문을 읽으려면 보통 오전 9시는 넘어야 가능하다. 점심은 보통 밖에 나가 외식을 하지만 저녁식사 준비는 아침식사 준비와 마찬가지로 바쁘다. 게다가 저녁엔 학원으로 손자를 데리러 가야하고 저녁식사를 따로 준비해야 한다. 이 부분의 가사는 나와 분담하지만 분주하기는 마찬가지다. 손자를 목욕시키고 학습지를 풀게 하는 일은 내가 주로 맡지만 때론 아내가 감당해야 할 때도 있었다.

요즘은 아내의 와병으로 손자를 우리 내외가 돌보지 않지만 전에는 저녁시간 내내 우리 내외가 손자와 놀아줘야 했다. 아내는 초저녁잠이 많은 편이라 밤 8시면 자야하고 그러면 손자를 돌보는 일은 내 몫이었다. 이런 과정이 반복되다 보니 아내가 힘들어할 수밖에 없었을 것이다. 그게 이번 와병의 근원인 것 같다. 그런데 이번에 내가 아내의 역할까지 도맡아 하게 된 것이다. 아내 대신 가사를 맡아보니 주부들의 가사노동이 얼마나 힘든 일인지 알 것 같다. 문제는 이렇게 힘든 일의 반복에도 하나도 자국이 나타나지 않는다는 것이다. 주부의 역할은 어디 이뿐이겠는가. 집안 대소사를 챙겨야 하고 남편과 자식들의 뒷바라지와 걱정까지 도맡아해야 하는 것이 아닌가.

퇴원 1주일 만에 1차 검사일이 됐다. 아내는 아침 8시에 채혈, 채뇨를 한 뒤 영상의학과에서 X-Ray를 찍었다. 그리고 우리 내외는 집으로 다시 왔다. 아내가 집 밥은 조금이라도 들지만 밖에서는 통이 식사를 못해 집에서 식사를 할 수 있게 하기 위해서였다. 조반을 들고 상오 11시에 다시 병원으로 갔다. 검사 결과를 보기 위해서이다. 주치의를 뵙기 전에 기다리는 동안 나는 열심히 기도했다. 간호사의 부름을 받고 주치의를 뵈러 들어갔다. 주치의가 컴퓨터의 모니터를 보면서 검사결과를 훑어보는 동안 우리 내외는 숨도 제대로 못 쉬었다. 어떤 결과가 나올까? 나는 주치의의 얼굴표정만 응시했다. 드디어 주치의의 얼굴에 미소가 보였다. "모든 수치가 정상에 가깝습니다. 치료가 제대로 됐습니다."

우리 내외는 마음속으로 "하나님 감사합니다." 하고 외쳤다.

주치의는 약을 앞으로 1주일만 더 드시고 절대로 과로하지 말라고 당부한다. 나는 집으로 차를 몰면서 아내에게 말했다. "이제부터는 모든 일에 여유를 갖고 삽시다. 자식 걱정, 손자 걱정일랑 하지 맙시다. 전보다 더 편하게 즐거우면서 감사하는 마음으로 삽시다. 이런 이야기가 있어요. 잡고 있는 것이 많으면 손이 아프고, 들고 있는 것이 많으면 팔이 아프듯이 생각하는 것이 많으면 머리가 아프답니다. 이젠 작은 행복에도 미소 지으며 매일 매일 즐겁게 살도록 합시다." 아내가 모처럼 환하게 웃었다.

우리 부부의 유별난 '부부의 날'

　5월의 세 번째 주일 아침이다. 여느 아침처럼 오늘도 밝은 태양은 떠올랐고 공기는 상쾌하다. 아내는 어젯밤에도 깊은 잠에 들지 못하더니 새벽 2시쯤 되어 한 차례 자리에서 일어나 앉으려는 모양이다. 옆 침대에서 자던 나는 아내가 힘겹게 일어나 앉으려는 소리에 저절로 눈이 떠졌다.

　아내는 늘 그렇듯이 나에게 "곤히 잠들었을 텐데 깨게 해서 미안하다"면서 갑자기 어깨와 다리에 통증이 온다고 호소한다. 나는 얼른 아내의 어깨와 다리를 차례로 주무르기 시작했다. 한 30분쯤 지나니 이젠 통증이 좀 가라앉았다면서 그만 주무시라고 한다. 아내를 자리에 눕혀주고 잠을 청해보지만 잠이 쉽게 들지 않는다.

　아내의 이런 증상은 거의 매일 새벽 5시쯤 또 한 차례 찾아온다. 그럴 때마다 통증을 완화해 주는 약을 먹게 하고 어깨와 다리를 주물러주곤 한다. 그러면 아내는 그로부터 서너 시간은 단잠을 자는 것 같다. 그러다 보면 어느새 동창이 밝아온다. 나는 대충 양치질과 세수를 하고 아침밥을 짓기 위해 부엌으로 나간다.

  두 시간쯤 걸려 차린 조반을 함께 들고 아침 약을 복용하게 하면 그 때부터 나는 집안일을 해야 한다. 주로 오전에는 설거지를 한 다음 집안청소를 하고 세탁기를 돌리고 아내가 마실 보리차를 끓여놓는다. 그리고는 부리나케 마트로 달려가 시장을 본다.

  그 후 요양보호사가 오고 그 때부터 오후 3시까지 내 시간이다. 그 시간에 신문도 읽고 칼럼도 쓰고 시나 수필도 창작한다.

  아내가 병을 얻은 것은 지난해 가을쯤이었다. 옛말대로 하면 아내 나이 79세였으니 불행이 찾아오기 쉽다는 '아홉수'였다. 하지만 이상을 느낀 것은 올해 초였다. 기억력이 나빠지고 조금만 언덕길을 걸어도 숨이 차다고 했다. 식욕부진에 잠꼬대가 심하고 수전증 비슷한 현상을 보였다.

  처음엔 심장에 이상이 있는 게 아닌가 하여 심장내과를 찾았다. 검사결과 심장은 젊은이처럼 매우 좋은 편이라고 했다. 그래서 다시 찾아간 곳이 신경외과였다. 그곳에서 초기 파킨슨병이라는 판정을 받았다. 의사의 과욕인지 약을 과다 투여한 결과 심한 부작용을 일으켰다. 그래서 두어 달은 심한 고통을 겪어야 했다.

  우리 부부가 결혼한지는 올해로 54년째다. 아들 딸 낳아 모두 성가시켰고 눈에 넣어도 아프지 않을 손자와 손녀도 세 명이나 얻었다. 녀석들은 제 부모를 닮아서인지 공부도 잘하고 효심 또한 지극

하다. 우리 부부가 홀가분하게 둘이서만 산지도 25년이 넘었다. E대 약대를 나온 아내는 거의 30년간 약국을 경영했고, 그 덕으로 나는 경제적인 어려움 없이 언론인으로서 또는 학자로서 당당하게 사회생활을 할 수 있었다.

우리 부부는 이제껏 서로 보살펴주고 모자라는 부분은 채워주면서 아름답게 살아온 편이다. 하지만 누구나 그러하듯 우리 부부에게도 삶의 굴곡이 없었던 것은 아니다.

지금으로부터 17년 전 부부의 날이 들어있는 5월에 나는 대장암, 아내는 유방암이 발병돼 한 때 생사의 기로에 선 일이 있었다. 하지만 하나님의 은혜로 정확히 5년 후 가정의 달에 다시 건강을 되찾을 수가 있었다.

그러는 사이 우리부부는 인생이 뭔지, 아픔이 뭔지 따로 배우지 않고도 터득할 수 있었던 것 같다. 그래서 부부의 날은 우리 부부에게 유별나게 소중한 날이다. 그런데도 요즘 아내 병간호에 여념이 없다보니 하마터면 올해 부부의 날을 잊고 지나칠 뻔 했다. 다행히 오늘 주일예배시간에 목사님의 설교를 듣고는 어제가 부부의 날임을 기억할 수 있었다. 나는 아내와 함께 교회에 출석할 수 있게 해주시도록 간절히 기도했다.

부부의 날은 흔히 두 사람이 모여 하나가 됐다는 의미라고 한다.

하지만 그 역사는 그리 길지 않다. 부부의 날은 1995년 창원의 권재도 목사 부부로부터 시작됐다고 하는데 법정 기념일이 된 것은 2007년부터라고 한다. 그것도 우리나라가 세계 최초로 제정했다니 역사적으로 위대한 날임에 틀림없는 것 같다.

부부의 날은 부부관계의 소중함을 일깨우고, 화목한 가정을 가꾸는데 그 제정의 목적을 두고 있다. 사실 사회의 가장 기본 단위는 가정이고, 가정의 기본은 부부이다.

부부라는 관계를 가운데로 하고 어린이, 어버이, 스승, 성년의 관계가 성립된다고 본다. 그래서 사회 구성의 기본인 부부관계가 그만큼 소중한 것이다.

얼마 전 친구와 시내 한 카페에 들렀다가 'Happy Wife, Happy Life'라고 쓴 액자가 걸려 있는 것을 봤다. 내가 친구에게 액자를 가리키며 "아내가 행복해야 인생이 행복하다고 하네"라고 했더니 그 친구 말이 걸작이었다. "시쳇말로 하면 '인명재처(人命在妻)'라는 것이지"라고 한다. 그렇다. 아내가 행복하면 남편의 삶도 행복하다.

내 경우가 얼핏 생각나서 가슴에 더 와 닿는 것 같았다.

아내는 이때까지 살아오는 동안 오로지 남편과 아이들을 위해 참으로 헌신적인 삶을 살아왔다. 지금처럼 의·약 분업이 안 된 시절이라 아침 6시부터 밤 12시까지 혼자서 약국에 서서 고객들을 상대로 문진을 하고 약을 조제해 주어야 했다. 아이를 하나 둘 낳고 기를 때는 젖먹이를 업고 일을 해야만 했다.

  아내는 약국이 대로변에 위치해서인지 밀려드는 환자들 때문에 식사도 제때 못하고 일해야 하는 경우가 허다했다. 그러면서도 가족들에게 소홀함이 없도록 하기 위해 종종걸음을 하면서 지냈다. 그런데도 지금껏 한 번도 불평을 입 밖으로 낸 일이 없다.

  지금도 아내의 가족사랑을 생각하면 할수록 감사한 마음은 배가 된다.

  그런 아내가 늘그막에 어쩌다 다시 병마로 고생하는 걸 보면 괜히 내가 부족해서 발병된 것 같아 죄스러운 생각만 든다. 일찍이 칸트가 말했듯이 '아내의 행복이 나의 전부'라는 것을 행동으로 보여줘야 하는데 나는 아직도 그런 경지에 이르지 못했으니 늘 부끄럽기만 하다.

  영국 속담에 '좋은 아내를 갖는 것은 제2의 어머니를 갖는 것과 같다'는 말이 있다.

  아내를 칭송하는 아름다운 말이다. 사실 이 세상에 '아내'라는 말처럼 정답고 마음이 놓이는 편안한 말이 또 있을까? 나는 오늘처럼 밝은 해를 볼 수 있지만 아내 없이는 태양의 따스함을 가슴에 넣을 수는 없을 것 같다. 늦었지만 매년 했듯이 이제라도 아내에게 장미꽃 한 송이 사다 전해야겠다.

장맛비 쏟아지던 날

　비는 부지런히도 오고 또 온다. 부지런히도 오고 또 온다고밖에 달리 이를 말이 없도록 비는 달아나는 바람까지 붙잡아가며 밤낮없이 마구 뿌려댄다. 벌써 달포 가까이 지속되는 7월 장마다.
　이렇게 비가 계속 내리니 전국 곳곳에서 비 피해 소식이 들린다. 축대가 무너지고 지방의 지하차도에는 갑자기 강물이 범람해 들어오는 바람에 지나가던 차량들이 오도 가도 못하고 물에 잠겼다고 한다. 차를 운전하던 사람 10여명이 그 자리에서 사망했다는 비보가 전파를 탔다. 참으로 안타까운 일이다.
　여름비란 본래가 그런가보다. 사람들은 비 피해를 두고 천재(天災)라고 하여 하늘의 응보로 치부하다가도 나중에는 인재(人災)로 몰아가는 경향이 있다. 여하튼 장마에 시름을 자아내며 저마다 고개를 들어 하늘을 엿보기도 하고 하염없이 고개를 숙여 땅들을 살피기도 한다.
　아내의 병세는 점점 나빠지는 것 같다. 며칠 전 병원에 가서 진찰을 받고 6개월 치 약을 받아 온 뒤로 손발을 떠는 증세가 더 심해졌다. 그날 담당 의사선생님은 우선 한 달 치를 복용하고 두 달째부터 복용하는 약은 약효를 강하게 했으니 우선 밥맛이 없을 거라고 한다. 그러나 밥맛이 없어도 억지로라도 밥을 많이 들고 하루 30분 이상 실내에서라도 반드시 걷기운동을 하라고 당부한다.

아내는 낮에는 그런대로 잘 버티는 것 같았다. 하지만 밤만 되면 힘들어 한다. 잠꼬대도 전보다 더 심하게 하고 자다가 깨어 화장실에 가는 횟수도 많아진 것 같다. 더구나 몇 달 전만 해도 혼자 화장실을 다녀오곤 했는데 이젠 혼자 다녀오기가 힘든 모양이다. 그래서 반드시 부축해서 다녀오곤 한다.

그런데 엊그제부터는 더 큰 문제가 생겼다. 소변을 볼 때 갑자기 심한 경련을 일으키면서 약 5초 정도 정신을 잃는 것 같다. 그리곤 상체를 붙들고 있는 나에게 "정신이 나간다" 또는 "앞이 캄캄하고 전혀 안 보인다"고 말한다. 나는 아내의 머리를 안고 가만히 기도해 준다. "하나님, 이 불쌍한 당신의 어린 양을 보살펴 주소서. 병마를 물리치게 하소서, 하루빨리 주님의 성전에 나가 감사기도 드릴 수 있게 하소서."

그 순간 아내는 갑자기 몸이 축 늘어지면서 변기 옆으로 쓰러진다. 나는 아내를 부축해 가까스로 다시 변기에 바르게 앉게 해준다. 다시 기도를 한다. 그런데 신기하게도 내 두 번째 기도가 끝나면 아내는 정신이 돌아온다. 잠시 동안의 긴장이 풀리고 젖 먹던 힘까지 들여서 아내를 일으켜 세워 겨우 겨우 침대로 옮겨 눕혀준다.

그러는 사이 내 몸은 땀범벅이 된다. 방 불을 꺼주고 거실로 나와 에어컨을 켠다.

집안 온도가 섭씨 29도까지 올라가 있었다. 소파에 앉아 땀을 닦고 있으니 나도 모르게 잠이 쏟아진다. 잠시 눈을 붙인 것 같은 데 아내가 방에서 부른다. 한 시간도 안 됐는데 또 화장실에 가고 싶단다.

아내를 침대에서 일으켰더니 어지러워서 화장실에 갈 수 없단다. 하는 수 없이 이동식 변기를 이용하는 수밖에 없다. 짧은 시간이지만 소변을 참았던 때문인지 변기에 앉는 과정에서 소변을 미리 방바닥에 흘렸다. 급히 하의도 내려주었는데 옷에도 실례를 했다. 미리 준비해둔 걸레로 방바닥을 훔치고 젖은 속옷과 겉 바지를 갈아입힌 후 다시 침대에 눕혀주었다.

이불을 덮어주는데 아내가 말한다. "당신 잠을 제대로 못 주무셔서 어떻게 해!" 그 말에 괜히 눈시울이 뜨거워진다. 오늘 밤엔 아내가 초저녁부터 새벽녘까지 무려 6번이나 자다가 화장실을 찾았다. 아무래도 문제가 생긴 것 같다. 아침에 일찍 병원 간호사님께 연락해봐야겠다.

아침 6시쯤 아내가 거실로 나가 발안마기로 마사지를 하는 동안 나는 소파에 드러누워 있다가 그만 잠이 들어버렸다. 아내는 내가 너무 곤히 잠이 들어서인지 한 동안 깨우지 않고 지켜만 보았나 보다. 문득 눈을 떠보니 아내가 물끄러미 쳐다 본다. 그러면서 다 기어들어가는 목소리로 "오늘은 사무실에 안 나가느냐?"고 묻는다.

벽시계를 보니 벌써 오전 7시 반이 지나고 있었다. 나는 자리에서 벌떡 일어나 부리나케 부엌으로 달려갔다. 아침밥을 지었다. 국을 끓이고 아내가 좋아하는 반찬 위주로 상을 차린다. 조반이 늦어 시장할 아내에게 커피 한 잔과 군고구마를 내놓는다.

아침식사가 끝나갈 무렵 어김없이 요양보호사님이 현관에 들어선다.

속, 아내의 병상일기

요즘 우리 집의 아침 식사시간은 대중없다. 어떤 때는 어둑어둑한 꼭두새벽이 될 때가 있는가 하면, 해가 중천에 떠 있을 때도 있다. 그날그날 이처럼 다른 것은 전날 밤 아내의 화장실 가는 횟수에 따라 아침 기상시간도 고무줄처럼 늘어나거나 줄어들기 때문이다.

어젯밤같이 하룻밤에도 아내의 화장실 가는 일을 도와주기 위해 여덟 번 이상 잠에서 깨어야 할 때는 그 자체로 기진맥진되기 일쑤이지만, 아내가 아침 5시쯤 화장실에 갔다 나와 거실에서 휠체어에 탄 채 잠이 들어버리면 나도 덩달아 소파에 앉은 채 잠이 들어버리게 마련이다.

대개 그런 날은 내가 늦잠을 자는 경우가 많아 잠에서 깨자마자 아내의 혈압을 체크하고 커피를 끓이고 미리 냉장고에 넣어두었던 과일을 꺼내 아내에게 주어야 한다.

그리고 나면 고구마와 빵을 조금씩 접시에 담아 전자레인지에서 살짝 데워 건네주고는 방으로 들어가 모자란 잠을 잔다.

아무리 그래도 아침잠은 부족하게 마련이다. 늦어도 사무실에 오전 10시까지는 출근 해야 해서 오전 8시엔 아침밥을 먹는다. 아침엔 누룽지를 끓이고 계란 부침과 된장국은 밥상에서 빠지지 않는다. 몸에 좋다는 물김치와 대장에 좋다는 날배추를 상에 올린다. 밑반찬까지 상차림을 하면 시중의 식당 가정식보다 반찬가짓수가 더 많다.

아내는 새벽에 간식을 들고도 식사시간이 되면 시장한지 슬그머니 휠체어를 밀어 식탁에 와 앉아서 밥이 나오기를 기다린다. 하지만 아내는 막상 밥을 들 때는 '입맛이 모두 쓰다'거나 '식욕이 없다'며 수저를 놓는 경우가 허다하다. 온갖 정성을 들여 아침상을 차렸는데 일찍 상을 물릴 때는 야속한 생각도 든다. 그만큼 매끼 들고 있는 약의 독성이 강해서 그럴 거다.

식사가 끝나면 먼저 아내의 약을 챙겨준 뒤 나도 약을 먹는다. 노후에 들어서서 나도 먹는 약이 두 가지나 된다. 우리 내외가 모두 아침 약을 들고 나면 나는 아내가 세면하는 것을 도와주어야 한다. 그리고 설거지를 하고 아내가 낮 시간에 먹을 수 있게 한두 가지 과일을 깎아 냉장고에 넣어둔다. 출근을 하기 위해 얼른 욕실로 들어가 번갯불 샤워를 한다. 꼭 군에 있을 때 하는 샤워스타일이다.

아침시간은 정말이지 눈 코 뜰 새 없이 바쁘다. 거실 창가에 앉아

유유자작하면서 커피라도 한 잔 같이 마시고 싶지만 시간이 허락하지 않는다. 1년 전 아내가 발병하기 전만해도 모닝커피를 타서 아내와 같이 마시는 멋을 즐겼다. 우리 집은 아파트 21층이어서 거실 소파에 앉아 창밖을 내다보면 전면 유리창을 통해 집 앞 공원 수목이 마치 내 집 마당처럼 한 눈에 들어온다. 계절마다 가꾸는 수고없이 공원 안에 가득한 꽃과 울창한 나무를 볼 수 있어 좋다.

원래 우리 집 거실엔 화분이 가득했었다. 단독 주택 2층 베란다에 있던 꽃나무 화분들을 이사 올 때 모두 옮겨왔었기 때문이다. 그런데 한 번은 진달래 화분을 들다가 허리를 다치면서 모든 화분들을 이웃에게 나눠줬다. 내가 그리도 좋아하는 천리향도 문주란도 남기지 않았다. 그 대신 거실 베란다에는 운동기구인 자전거를 들여놨다.

아내가 아침 약을 복용했다는 표시를 노트에 하고 나면 요양보호사가 온다. 그 뒤 출근 준비를 한다. 준비랄 것도 없다. 상하 양복을 입고 노타이로 나서면 된다. 그러나 반드시 중절모는 써야 한다. 나이가 들면서 머리카락이 많이 빠진다. 물론 머리 색깔은 완전히 하얀 눈이 내렸다. 아내는 염색을 하라고 하지만 돈과 시간 들이고 해봐야 염색약이 눈에라도 들어가면 해롭다니 할 생각이 없다.

요즘은 아내의 건망증을 걱정할 계제가 아닌 것 같다. 나도 건망증이 심해진 듯해서다. 어떤 때는 시간에 쫓겨 허둥대다가 손전화기를 놓고나와 다시 집으로 돌아갔다 오기도 하고, 지하철 카드를 놓고 나와 역까지 갔다가 집으로 되돌아오는 경우도 생겼다. 그러니 일상에서 초연해진다는 것은 꿈도 못 꾼다.

한 친구가 내게 물어본다. 월급도 없고 봉사만 하는 일을 왜 사서 고생하느냐고 한다. 그러나 현재 내가 하는 일을 후회한 적은 한 번도 없다. 나는 이 시기가 내 인생에서 가장 좋은 시기라고 생각한다. 어떤 이들은 치열한 삶을 살던 청장년기를 지나 이제 세월의 영욕 속에 밀려 추락의 끝이라고 생각한 '노후'에 도착하니 '인생허망'하다고 한다. 하지만 내가 도착한 '노년'은 축복의 땅이다.

학교에 다닐 때는 높은 이상에 도전한다는 생각뿐이었고, 직장을 얻고 가정을 이루고는 젊은 날의 꿈을 이룰 수 있다는 생각과 아들 딸 낳아 튼실한 가정을 이뤘다는 생각에 시간 가는 줄 몰랐다. 하지만 그런 시절을 나의 황금기라고 말하진 않는다.

오히려 노년이 되어서 내가 하고 싶은 일을 하면서 서산으로 넘어가는 석양(夕陽)처럼 인생의 마지막 불꽃을 태울 수 있는 지금이 나의 황금기라고 생각한다.

예전엔 집에서 신문을 읽는 일도 느긋하기만 했다. 마치 노후의 특권인 한유(閒遊)의 복이라도 누리는 듯했다. 하지만 지금은 그렇지 못하다. 하는 수 없이 집에 오는 신문을 들고 나가다가 지하철

안에서 읽는 버릇이 생겼다. 오늘도 구두를 신으며 "다녀 오겠습니다."라고 하면 등 뒤로 "잘 다녀오세요."라는 아내의 쉰 목소리가 들린다.

아내의 팔순

2023년 8월 6일은 아내의 팔순 생일이다. 아들, 딸 내외와 손자 손녀들이 모두 우리 집에 모여 조촐한 생일파티를 열었다. 다행히 딸이 하루 전에 찾아와 숙식을 하면서 생일상을 차렸기에 별 부담 없이 가족 모두가 한 자리에 모여 만찬을 같이 할 수 있었다. 물론 식사를 하기 전에 내가 대표기도를 했다. 기도의 내용 중 가장 중요한 부분은 아내의 지병이 완쾌되길 소구하는 것이었다.

아내의 팔순은 사실 지난해였다. 그런데 당시 아내가 파킨슨 판정을 받았고 병세가 갑자기 나빠지기 시작해 팔순을 축하하는 가족 모임을 가질 수 없었다. 다행히 올해는 병세가 안정적인데다 치료 병원도 내 모교 병원으로 옮긴 뒤여서 한 해 뒤인 올해를 팔순으로 삼았던 것이다.

모이는 날이 주일이라 가족들은 각자 1부 예배를 드리고 왔다. 공무로 베트남에 가있던 사위도 일정에 맞게 귀국해 찾아왔다. 외손자와 친손자, 친손녀 등 세 명의 손자들도 모두 모이니 모처럼 집안이 사람 사는 것 같았다. 아내는 손자들이 하나씩 현관문을 들어설 때마다 활짝 웃으며 반갑게 맞이한다. 평소엔 웃음기 하나 없던 아내였다. 그런데 아내는 자신이 환자라는 것을 잊은 듯했다. 보기 좋았다.

여름 무더위는 오늘도 서울이 섭씨 37도까지 올라가는 찜통 더위였다. 바람 한 점 없는 날이다. 정오쯤이었다. 갑자기 검은 구름이 몰려오더니 하늘에서 천둥이 친다.

창밖에 쏟아지는 빗줄기를 물끄러미 바라보던 아내가 걱정스러운 표정으로 한 마디 한다. "여보, 비가 너무 많이 오네요." "그러게요. 소나기 같아요. 왜 무슨 걱정거리라도 있어요?" "손자들이 오잖아요. 비 맞으면 어떻게 해요." "지나가는 비예요. 제 엄마나 아빠 차타고 올테니 걱정 마세요." 내 말에 아내는 안도하는 모양이다.

아내는 이내 안방 침대로 가서 운동을 해야겠단다. 휠체어를 밀어 안방으로 데려다 주니 침대에 옮겨달란다. 침대에 누워 양 발을 번갈아 들어 올리는 운동을 한다. 그런데 어쩐 일인지 오늘은 평소보다 10여분 정도 더 운동을 한다. 내가 그 까닭을 물어봤다. "여보, 오늘은 왜 운동을 더 많이 해요?" "손자들이 오잖아요, 녀석들에게 건강한 모습을 보여주려면 힘들어도 조금 더 하려고요." 아내는 운동을 하고는 낮잠을 자겠단다. 나는 잠자리를 봐주고 에어컨

바람 방향을 안방 쪽으로 해놓고 서재로 돌아왔다.

　언론인회에서 발행하는 '언론계 거물' 등 두 권의 신간 출판물의 발간사와 오는 10월에 여는 두 건의 세미나에서 할 인사말씀을 쓰기 위해 책상에 앉았다. 그러나 눈꺼풀이 바위처럼 짓눌러 댄다. 나도 모르게 의자에 앉아 깊은 잠이 들었다. 어젯밤엔 딸이 미리 와서 안방에서 아내와 같이 자면서 간병을 했기 때문에 오랜만에 잠을 잘 잤다고 생각했는데 그렇지가 않았나 보다. 하기야 늘 그렇지만 잠이 부족해서 아무데서고 자리에 앉기만 하면 눈이 감기곤 한다.

　얼마동안 눈을 붙였는지 모르지만 아내가 부르는 소리에 눈을 번쩍 떴다. 얼른 안방으로 달려갔다. 아내는 왜 손자들이 이렇게 빨리 오지 않느냐고 묻는다. 그 때다. 호랑이도 제 말 하면 온다고 외손자와 사위가 도착했다. 조금 있다가 아들네가 들이닥친다. 막내손자 윤준이가 큰 소리로 "할머니 저 왔어요" 하고 외치며 안방으로 달려갔다.

　다른 손자들은 할머니에게 인사하고 거실로 나와 의자에 앉는데 역시 윤준이는 달랐다. 녀석은 안방에서 나오지 않고 할머니의 어깨와 다리를 주물러 드린다. 아내는 "더운데 오느라고 수고했으니 그만하라"고 하면서도 눈을 지그시 감고 만면에 웃음이 가득하다. 그런 모습을 본 손녀 윤정이가 윤준이에게 한 마디 한다. 너 반칙

이야, 하더니 할머니 다리를 주무르기 시작한다.

  부엌에서 일하던 딸이 상을 다 차렸으니 식사하자고 한다. 모처럼 세집 식구들이 한 자리에 모이니 북적대면서 식사를 했다. 아내는 수저를 들고도 손자들이 식사하는 모습을 바라만 본다. 보다 못한 내가 "여보, 무엇해요. 식사하지 않고" 하니 그제서야 식사를 한다.

  식사 후 나는 아들과 딸 내외에게 아내의 병세에 대해 이야기 해주면서 호전되기는커녕 점점 나빠지는 것 같아 안타깝기만 하다고 말해 주었다. 아내는 밤이 케어에 더 힘이 많이 든다. 보통 9시쯤 잠이 들면 아침 5시까지 잠을 자는데 그 사이 서너 번은 화장실에 가야한다. 심할 때는 최고 8번까지 가야 한다. 잠자다가 거의 한 시간마다 일어나 화장실에 가는 셈이다. 그 때마다 잠에서 깨어나 시중을 들어야 한다. 그런 때는 잠을 거의 자지 못한다. 그런데 내가 잠을 한숨도 못자는 게 문제가 아니다. 아내가 화장실에 갈 때마다 의식을 잃는다는 것이다.

  오래 전 처음으로 그런 경우를 당했을 때는 너무나 당황한 나머지 119를 불러 응급실로 데리고 갈까도 생각했다. 그러나 이젠 몇 달째 같은 상황을 겪다보니 으레 그러려니 하고 놀라지 않는다. 그럴 때마다 아내의 혈압을 재보면 위험 수위까지 떨어진다. 그럴 때는 응급 혈압 상승제를 들게 하고 머리와 어깨를 계속 마사지 해준다. 그리고 한 10여분쯤 지나면 아내는 정신이 돌아온다.

아이들은 아무 말도 못한다. 모두 근심스런 얼굴로 나를 쳐다 본다. 어떻게 해야 될지 묻는 것 같다. 많은 돈이 드니 요양보호사를 24시간 쓰자는 말은 못하고 그렇다고 자기들이 와서 아버지가 하는 일을 대신 할 수도 없는 일이니 아무 말도 못하고 바라만 보는 거다. 개중에는 아버지가 먼저 쓰러진다고 생각하고 제 어머니를 요양병원이나 요양원에 옮기자고 말하고 싶은 아이도 있을 것 같았다.

그래서 차제에 못을 박기로 했다. 나는 아이들에게 단호하게 말했다. "너의 어머니 병세가 깊어져 내가 간호하기가 아무리 어렵다 해도 너의 어머니는 절대로 요양원에 보내지 않는다. 아주 편찮으시면 병원에 입원시킬 것이다. 알겠느냐?" 아이들이 일제히 "네" 하고 대답한다. 아내를 바라봤더니 만족한 표정이다. 내 마음 속으로 다짐했다. "내가 죽기 전엔 당신을 절대로 내 옆에서 멀리 가게 안 할 겁니다." 그래서 아내 팔순 만찬은 즐겁게 치를 수 있었다.

가을이 오는 길목에서

 아침저녁으로 제법 선선한 기운이 감돈다. 계절은 속임이 없다. 한여름 혹심했던 더위가 언제 있었나 싶을 정도로 피부에 닿는 공기의 감촉이 선뜻하다. 정원 나무마다 달라붙어 온종일 울어대던 매미의 구애 소리도 처서가 지나면서 감쪽같이 자취를 감췄다. 대신 풀숲에서 들리는 귀뚜라미 울음소리가 처량하다. 지난 여름, 참고 견딘 끝에 드디어 서늘한 가을이 온 것이다.
 어려움을 참고 견딘다는 것, 인내심이야말로 어쩌면 우리 인간에게 주어진 가장 강한 삶의 보검일지도 모른다. 그러니까 성경은 "참는 자에게 복이 있나니 천국이 저희 것"이라고 했나보다. 불경에서도 "참지 못할 것을 참는 것은 만복의 근원"이라고 한 게 아닌가. 그만큼 참는다는 것은 힘든 만큼 그만한 보상을 주는 것 같다. 그래서 진리는 영원한가 보다.
 그런데 인내심을 기르려면 어떻게 해야 할까. 흔히 자신을 소중히 여기며 마음을 다스릴 줄 알아야 한다고 말한다. 하지만 그런

지혜가 필요하다는 것을 알기는 해도 실천하기란 여간 어려운 게 아니다. 그래서 그런 지혜를 발휘하려면 무엇보다도 '어떤 일이 있어도 절대로 굴복하지 않겠다'는 의지가 있어야 한다.

오래전에 대하소설 '대망'을 읽은 일이 있다. 그곳에는 일본의 130여년에 걸친 전국시대를 마감하는 세 명의 영웅의 성격에 대한 이야기가 나온다. 그중에 오다 노부나가는 울지 않는 새는 '죽여버린다'고 했고, 도요토미 히데요시는 '울게 만든다'고 했다. 그런데 도쿠가와 이에야스는 '울 때까지 기다린다'고 했다. 세 사람의 성격을 극명하게 드러낸 발언들이다.

여기서 눈여겨 볼 대목은 '울 때까지 기다린다'고 한 이에야스의 말이다. 그는 그렇게 깊은 인내심을 가졌기에 결국 최후의 승자가 되었다고 생각한다. 그런 이에야스가 남긴 말 가운데 '사람의 일생은 무거운 짐을 지고 먼 길을 가는 것과 같다. 그러니 서두를 필요가 없다'는 것이다. 인생을 통달한 말 같다.

그래서 그런지 요즘 이 말이 내 가슴에 와 닿는 절실한 말이 되고 있다. 병석에 있는 아내를 간호하다 보면 힘들고 어려울 때가 종종 있다. 그럴 때면 나는 이 말을 떠올리곤 한다. "그래 내 일생도 역시 무거운 짐을 지고 먼 길을 가고 있는 거야. 참고 기다리다 보면 아내가 자리를 박차고 일어나 걸을 날이 오겠지." 인내의 화신 도쿠가와 이에야스의 명언이 나에게 힘이 되는 것이다.

올여름에도 손녀는 방학을 맞이하자마자 거의 매일같이 찾아와 할머니의 시중을 들어준다. 그런데 엊그제부터는 2학기가 시작되면서 주말에나 한 차례 정도 들르는 것이 고작이다. 그러니 아내는 손녀가 현관문을 여는 소리만 들려도 '윤정이구나'하면서 얼굴에 화색이 돈다. 할머니는 손녀가 소파에 앉기도 전에 한 주일간의 일상을 묻느라 정신이 없다.

아내는 손녀와 이야기를 나누는 동안 만면에 웃음이 떠나지 않는다. 두 사람의 대화를 들어보면 별로 대수롭지 않은 내용들인데도 모든 게 다 흥미진진한 모양이다. 그건 약과다. 막내 손자가 오는 날은 집안이 떠나갈듯 웃음소리가 끊이지 않는다. 아내는 손자의 손을 붙잡고 놓아주질 않아 옆에 있는 내가 '그 손 좀 놓아주라'고 일러주곤 한다.

오늘은 손녀가 자기가 만들었다며 오이무침 등 반찬 몇 가지를 갖고 와서 저녁 식탁에 올려놓았다. 아내는 손녀가 자져온 반찬을 들면서 연신 '맛있다'라는 소리를 반복한다. 내 젓가락이 손녀가 가져온 반찬그릇에 가지 않자 아내는 '왜 맛있는데 당신은 들지 않느냐'고 성화를 한다. 나는 아내의 강권(?)에 못 이겨 손녀가 만들어 온 반찬을 먹으며 '맛있다'는 말을 연발했다.

아이들이 찾아오면 내 손이 여느 때보다 바빠진다. 식사준비서부터 설거지까지 일거리가 좀 많아지는 것은 사실이다. 하지만 아이들이 찾아와서 아내의 기분이 좋아지니 녀석들에게 아무리 바빠도 시간을 내서 찾아와 달라고 당부하곤 한다.

손녀는 올 때마다 먼저 할머니의 손발톱을 정리해주고, 30여분씩 종아리 안마를 해주는 장기를 발휘한다. 대개 아이들은 할머니 몸에서 나는 약 냄새 때문에 가까이 하려 들지 않는 게 상례라고 들었는데, 어쩐 일인지 우리 아이들은 전혀 그렇지 않다. 효심은 타고나는가 보다.

특히 손녀는 할머니의 화장실 출입도 돕고 칫솔질과 세수하는 일까지 돕는다. 손자는 할머니의 양손을 붙잡고 거실에서 걷기운동을 시킨다. 그러면서 "아빠가 그러는데 미국에서 신약이 개발돼 한국 환자들을 대상으로 삼상을 할 때 주치의가 할머니를 먼저 치료해 드리겠다고 했으니 그 때까지만 참고 기다리자고" 당부한다. 녀석들의 효심에 가슴이 뭉클해질 수밖에 없다.

가을의 길목에서 오늘따라 달빛에 젖은 귀뚜라미소리가 가슴을 저민다. 맑은 생명의 소리여서 그런 것 같다. 기나긴 별들의 시간보다 하루살이 풀벌레의 시간을 더 좋아한다는 폴란드 시인 비슬라바 쉼보르스카의 시구(詩句)를 생각하면서, 오늘도 하룻밤을 지나면 아내의 병세가 좀 나아지기를 주님께 기도한다.

배우자 복

한 일주일 전쯤이다. 아내의 다리를 주물러주면서 아내를 웃기려고 내가 시중에서 들은 재미있는 이야기를 들려 준 일이 있다. 아내는 연신 웃느라고 다리를 주물러 주는 줄도 모르는 것 같았다. 웃음은 병마를 이겨내는 데 특효약이라고 한다. 앞으로도 이런 종류의 코미디를 자주 들려주어야겠다고 생각했다.

흙으로 빚어서 구운 그릇을 '토기 또는 '옹기'라고 하지요. 여보! 듣고 있어요? 듣고 있으니 어서 이야기나 하세요, 얼마 전에 이웃에게 양도한 큰 독 있잖아요. 그렇게 제법 큰 독이라도 그 값은 별로 비싸지 않습니다. 그런데 흙에다 물소 뼈를 섞어서 구운 그릇을 본차이나(bone china)라고 하는데 그게 크기는 작아도 값은 토기에 몇 백 배나 비싸답니다. 뼈의 배합률이 높으면 값은 더 비싸집니다.

'그릇은 흙으로만 빚은 것보다 뼈를 넣은 것이 값이 비싸다'고 했지요? 그처럼 사람도 흙으로만 빚은 남자보다 남자의 갈비뼈로 만

들어진 여자가 값이 더 나간다고 합니다. 왜냐하면 여자는 100% 본차이나이기 때문이랍니다. 그러니까 여자는 남자보다 훨씬 비쌉니다. 당연히 함부로 다뤄서는 안 되는 것이지요. 하하하.

한 가지 더해줄까요? 사자성어에 인명재천(人命在天)이란 말이 있지요? 사람의 목숨은 하늘에 달렸다고요. 그런데 요즘은 인명재처(人命在妻)라는 말이 유행하고 있어요.

사람의 운명은 아내에게 달렸다는 말이지요. 또 가화만사성(家和萬事成)즉, 가정이 평화로워야 모든 일이 잘 풀린다는 것을 처화만사성(妻和萬事成)즉, 아내하고 사이가 평화로워야 모든 일이 잘 된다는 뜻으로 만들어 사용한답니다.

심지어는 순처자(順妻者)는 흥(興)하고 역처자(逆妻者)는 망(亡)한다는 말도 있어요.

또 있어요. 영어로 아내를 wife 라고 하지요? 그런데 와이프에게 순종하면 life 즉, 삶이 즐겁지만, 거스르면 knife, 즉 칼을 맞는다는 말 입니다. 재미있지요? 하나 더할까요? 운삼처칠(運三妻七)이라고 남자의 운명은 운이 3이고, 처가 7이라고 합니다. 아내는 꼭 나를 두고 하는 이야기 같다면서 우스워 죽겠단다.

내 경우와 같은 게 있어요. 즉, 남자는 나이가 들어갈수록 힘이 빠지지만, 여자들은 오히려 힘이 들어간답니다. 1만 원짜리 지폐와 5만 원짜리 지폐를 한 번 비교해 볼까요? 가장 위대한 왕이라는 세종대왕은 만 원짜리에 들어가 있고, 평범한 가정주부(신사임당)는 5만 원짜리에 들어가 있어요. 이게 말이 됩니까?

새해가 되면 대개 주고받는 인사말이 있습니다. "새해 복 많이 받으세요."라고요.

여기서 퀴즈! 그런데 복은 무슨 복을 말할까요? 누구나 받고 싶어 하는 복입니다. 그렇지요. 오복(五福)입니다. 오복은 수(壽), 부(富), 강령(康寧), 유호덕(攸好德), 고종명(考終命) 등 다섯 가지입니다. 수, 부, 강령은 다 아는 것이지만, 유호덕과 고종명은 설명을 해야겠지요?

유호덕의 유는 '닦는다'는 뜻이니 좋은 덕을 닦는 것을 말하고 고종명은 타고난 수명을 다 누리고 고통 없이 죽는 것을 말합니다. 결국 오복은 넉넉하고 건강하게 오래 살며 따뜻이 베푸는 삶을 살다가 병 없이 곱게 죽는 것을 말하지요. 정말 복 다운 복이지요? 아내는 우리도 그랬으면 좋겠다고 한다.

그런데 오복 중에 최고는 무슨 복일까요? 그렇습니다. 처복(妻福)입니다. 분명 오복 중에는 처복이 없지만 처복이 최고입니다. 이유는 뭘까요? 말할 것도 없이 그만큼 처복이 만복의 근원이라고 생각해서일 겁니다. 결국 이 말은 남편이 아내와의 사이가 좋지 않으면 오래 살아도, 부자여도, 건강해도, 덕을 쌓아도, 병 없이 곱게 늙어 죽어도 다 부질 없는 짓이라는 뜻이랍니다.

하지만 이런 이치는 여자도 마찬가지입니다. 남편과의 사이가 좋지 않으면 오복을 모두 가졌어도 불행한 삶을 살게 된다고 할 것입니다. 그러므로 내가 이 땅에서 복을 누리고 살려면 배우자에게 지극히 잘 해야 합니다. 그렇다면 복중에 최고의 복은 무슨 복인가요? 그렇습니다. '배우자 복'입니다. 딩동댕!

나는 아내에게 당신을 만나서 복이 있나보다고 말했습니다. 그랬더니 이제 아셨느냐고 합니다. '남자는 아내의 그릇 크기만큼 성장한다.'는 말도 있다고 해주면서 제갈공명 이야기를 들려주었지요. 공명은 늘 깃털부채를 들고 다녔습니다. 그의 아내 황씨가 "큰일을 도모하려면 감정을 드러내지 말고 침착해야 된다"면서 말할 때 반드시 부채로 가리고 말하라고 조언을 했답니다.

특히 황씨는 공명이 청렴하게 공직생활을 수행할 수 있게 내조하는 지혜가 뛰어났다고 합니다. 공명이 재상에 오르자 황씨는 손수 농사를 지으며, 자녀교육에 전념했고, 생활비는 공명의 봉록에 의존했지요. 그녀는 재상의 아내였지만 여벌의 옷이 없을 정도로 검소해 공명이 뇌물에 초연할 수 있었다고 합니다. 꼭 당신 같아요. ㅎㅎ

여보! 그런데 말이요. 남자는 그 아내의 그릇 크기만큼 성장한다는 말 알지요? 배우자로부터 지지를 받지 못한 사람은 결코 이웃으로부터도 지지를 받지 못하는 법이거든요. 우리 어머니의 철칙이었어요. 어머니는 며느리들에게 늘 '남편의 기를 살려주라'고 말씀하시곤 했지요. 당신도 들었을 거요. 그 남편에 그 아내? 하하하

가치 있는 삶

신록이 우거지는 싱그러운 6월이 왔다. 나도 다른 사람들처럼 한 아름의 희망을 펼쳐보는 계절이었으면 좋으련만, 그렇지 못하니 마음은 우울해지기만 한다. 오늘도 아내는 일어날 시간인데 잠에서 깨어나질 못한다. 어제 저녁에 먹은 약기운 때문인 것 같다. 그러면서도 다리가 아프다며 주물러 달란다.

나는 아내의 두 다리를 두 손으로 힘껏 주무르기 시작한다. 처음엔 아프다며 얼굴을 찡그리더니 점점 시원하다며 그대로 깊은 잠에 빠져드는 것 같다. 아내가 잠이 든 것을 확인하고 방에서 식당으로 나와 하는 수 없이 혼자 아침밥을 먹는다. 요즘 들어 아내가 식사를 제대로 못한다. 그러니 근육이 점점 빠지는 게 눈으로 보인다.

오전 9시가 되니 틀림없이 요양보호사가 들어선다. 도뇨만 하고 좀 더 잠을 자도록 하는 게 좋겠다고 알려준다. 나 역시 잠이 부족해서 아침밥이 맛이 없다. 요양보호사께 할머니를 잘 부탁한다고 말하고 부리나케 집을 나선다. 마을버스 정류장에서 옆 동의 할아버지를 만났다. 나를 보더니 그분은 대뜸 "왜 며칠 사이에 이렇게 말랐느냐?"고 한다.

요즘 들어서 내가 거울 앞에 서서 보면 내 스스로도 깜짝 놀라는 경우가 많다. 얼굴은 수심에 가득 찼고, 눈은 퉁퉁 부어있다. 오늘 아침에도 늦게 일어났지만 잠이 부족한가보다. 어젯밤에는 아내가 5번이나 깨어 화장실을 다녀왔다. 그 때마다 도와주어야 하니 어쩔 수 없다. 며칠 전 몸무게를 달아보니 원래 보다 약 6kg 정도 빠진 것 같다.

그 때문인지 출근을 하는데 왠지 걸음걸이가 휘청거려지고 기운도 없다. 모든 일에 의욕도 없어진 것 같았다. 아까 만난 그분이 말한다. "왜 잠을 못자셨나요? 아까 여기까지 오는 것을 보니 다리가 휘청거리잖아요." 그러면서 매우 안쓰러운 눈치다. 그는 내 아내가 병석에 누어있다는 것을 알고 있기 때문이다.

날이 갈수록 아내 병간호에 힘이 든다. 그럴 수밖에 없다. 혼자 걸어서 화장실에 가고, 식사도 어느 정도 하는 편이었던 아내였다. 실내 자전거까지 타면서 하체 근육운동도 열심히 했다. 그러다가 이달 들어 한 가지씩 못하기 시작했다. 지난달부터는 걷기보조기구를 붙들고 걷는 운동을 못하더니 이달 들어서는 실내 자전거도 힘이 들어 탈 수가 없다고 한다.

엊그제는 혼자 자전거를 타려다가 옆으로 넘어져 발목이 긁히는 부상을 입었다. 그 이후론 자전거 근처도 가려하지 않는다. 혼자 하는 운동을 못하니 더 우울해지는 것 같다. 날씨도 좋고 바람도 시원한 것 같아 집밖으로 나가자고 했다. 휠체어에 태워 동네 공원을 한 바퀴 돌고 동네 할머니들이 모여 앉아 있는 곳으로 가서 같이 대화에 참여케 했다. 경과는 성공적이었다. 아내가 머리가 한결 맑아진 것 같다고 했다.

요사이 나도 하는 일마다 뜻대로 되는 것 같지 않다. 그렇다고 이 정도 가지고 실망 하거나 의욕을 잃어버릴 내가 아니다. 누구를 탓하거나 원망하지도 않는다. 삶이 힘들다고 한탄만 한다든가 삶을 저주할 위인이 아니라는 걸 내 자신이 잘 알고 있다. 이것을 극복하는 길은 내 자신이라는 것도 잘 안다.

나는 당장 오늘부터 얼굴에 행복이 가득 차보이도록 연습했다. 거울을 보고 입가에는 늘 미소가 떠나지 않는 연습도 했다. 사람들을 만나면 별것이 아니더라도 그냥 웃으면서 이야기를 이어갔다. 혼자 있을 때도 잘 웃는 연습을 하며 기쁨에 찬 모습을 짓는 연습을 했다. 그랬더니 어느 지인이 요즘 부인 간병하느라 힘들 텐데 어떻게 그렇게 즐거운 모습으로 살 수 있느냐고 묻는다.

내 대답은 간단했다. '아내를 사랑하고 있기 때문'이라고 했다. 아내가 비록 나쁜 병으로 불편은 하지만, 그래서 내가 좀 고생하는 편이지만, 그녀가 옆에 있다는 것만으로도 나는 행복하다고 했다. 아내의 웃는 얼굴은 물론 짜증내는 얼굴도 내게는 사랑스럽다고 했다. 그래서 그녀와의 동행은 늘 행복하다고 했다. 지인은 "효부 났네" 하면서 크게 웃는다.

어느 사람이 이렇게 말했다. 신이 인간에게 베푸는 천국은 이 세상에서부터 시작된다고 했다. 그렇다. 사랑 자체이신 신, 진리 자체이신 신의 뜻을 깨닫고 그와 사랑을 나누는 삶을 산다면 요즘 겪는 고난쯤은 얼마든지 극복할 수 있다. 사랑을 지니고 인생에 참뜻을 주는 진리 추구의 삶을 살 수 있다면 그것만큼 가치 있는 삶도 없을 것이다.

가치 있는 삶을 살려면 사랑을 실천하며 살아야 한다. 보통 삶을 영위하기 위해서라면 물건이 필요하고, 쾌락이 순간의 기쁨을 가져다준다고 생각할 수 있다. 하지만 인생의 보람과 가치를 그런 곳에서 찾을 수는 없다. 짧은 시간을 살다 떠나는 우리지만 사랑을 실천하며 가치 있는 삶을 살아야 한다.

아내와 침향환

한 지인이 추석선물이라며 D제약회사에서 출시한 침향환 프리미엄 세 박스를 보내왔다. 얼마 전에 오찬을 같이 하면서 아내의 병세에 대해 묻기에 몇 가지 상황을 이야기 해줬더니 나름 큰 도움이 될 거라며 효과가 있으면 다음에 또 보내주겠다는 간단한 메모와 함께 보내왔다.

귀한 선물을 보내준 지인에게 감사 전화를 걸었더니 성경에 다섯 번이나 언급했을 정도로 면역 증강에 좋으니 사모님께서 잘 복용해서 하루빨리 쾌차하시길 빈다고 했다.

나는 성경을 들고 침향(沈香)에 관한 대목을 찾아나갔다. 민수기 24장 6절에 보니 "여호와의 심으신 침향목을 들고…"라는 대목이 나오는데 이 구절에서 눈을 뗄 수 없었다.

백과사전을 찾아보니 침향의 학명은 Aquilaria agallocha(아쿨라리아 아갈로차)다.

침향은 침향나무에 상처가 생겼을 때 스스로 치유하기 위해 분비

되는 진액이 오랫동안 굳어져 생긴 천연물질이라고 했다. 진주가 만들어지는 원리와 같다고 보면 된다.

우리나라에선 전혀 생산되지 않으며 베트남 침향을 최고로 친다고 한다.

침향은 가라앉는 향, 물속에 잠긴 향이라는 뜻인데 그 향기가 무거워서 물속에 가라앉는다는 것이다. 동의보감에도 기록이 있고, 조선왕조실록에도 기록이 있다고 한다.

침향의 약효는 무궁무진하다. 몸속의 위장, 신장, 비장, 간장에 두루 작용하고 면역력을 높여준다. 약용, 향료, 종교의식 등에 사용되는데 황금보다 비싸고 귀한 것으로 쳐준다.

네이버에서 찾아보면 뜨지 않고 가라앉는 침향이 진(眞) 침향이다. 침향을 불붙여 피우면 주변의 공기를 빠르게 정화하고 심신을 안정시키며, 두뇌활동을 촉진시켜 머리와 눈이 맑아지고 스트레스 해소와 방충효과까지 있다고 한다. 만병통치 제라고 해도 지나친 말이 아니다. 아내가 먹으면 좋으련만 안 먹겠다니 며칠 있다가 다시 한 번 권해봐야겠다.

침향은 수십 년에서 수백 년에 걸쳐 단단한 덩어리로 만들어진 침향나무의 수지인데 항상 그런 것은 아니지만 사찰에서 피우는 향이 침향나무를 태우는 것이라고 하고 염주알도 침향 나무로 만든다고 한다. 염주 알에서 나오는 향도 기침이나 천식, 폐렴 증상을 완화시킨다고 한다.

  침향은 향기와 함께 살균과 방부제 작용을 하기 때문에 예수님이 돌아가신 뒤 시신을 가져다 "니고데모가 몰약과 침향을 섞은 것을 백 근쯤 가져온지라" 라고 성경에 나온다. 우리나라에서는 침향환, 침향치약, 침향비누, 침향차, 침향수 등 다양한 종류의 건강식품들을 연구 개발하여 시중에서 인기 건강식품으로 각광을 받고 있다.

  침향은 향기 중에서 최고의 향기를 자랑하기 때문에 향수의 재료로 많이 썼다. 마릴린 먼로가 알몸에 '샤넬No5'만 뿌리고 잤다는 향수도 침향수다. 그래서 '샤넬No5'는 침향이 들어가서 비싼 것이다. 역사적으로 보면 클레오파트라도 침향의 향을 굉장히 좋아했고, 천하일색 양귀비 역시 다른 장신구를 제쳐놓고 침향 목걸이만 목에 걸었다고 전해진다.

  세종대왕도 침향을 무척 사랑했으며, 고려시대부터 사용했다던 선비들이 가지고 다니는 부채의 선추(扇錘)에는 사향(麝香)이나 침향을 넣어가지고 다녔다고 한다. 기침이 나거나 천식, 숨이 찰 때, 구토를 느낄 때, 딸꾹질을 할 때 침향의 향을 맡으면 증상이 가라앉는다고 한다.

  예로부터 우리 조상들은 가구, 예컨대 장롱 등에 향나무 조각을 넣어두었다. 이유는 향나무의 향 때문에 가구 속에 넣어둔 옷에 좀

벌레가 생기지 않는다고 한다. 침향을 넣어두면 좀이 절대로 쓸 지 않을 것이다. 그뿐인가. 집안에 향내가 은은하게 퍼져나가 항상 엄한 분위기를 연출한다.

또 예전엔 제사를 지낼 때 향로에 늘 향나무를 조각내어 향을 피우곤 했는데 그 향기가 독특한 분위기를 자아내곤 했다. 이른바 지방을 써서 붙이고 향불을 피우면 제사상 머리에 선친께서 앉아 계신 듯 한 착각을 하게 했다.

아내는 내 설명을 듣고는 자기보다 내가 먹어야 한다고 다시 우긴다. 이유는 내가 자기를 케어 하느라고 몸이 쇠약해졌으니 내가 먹어야 한다는 것이다. 그래서 한 박스 반씩 나눠서 먹자고 하니 약은 원래 나눠 먹는 게 아니어서 안 된다고 했다.

실랑이를 하다가 결국 내가 먹기로 하고 그 대신 흑염소 즙과 산삼 배양 근은 아내가 꼭 먹기로 타협을 봤다. 그러면 무얼 하는가. 그뿐이다. 수박을 사오라고 해서 사다놓고 통째 그대로 있고, 조카, 아우들이 아내가 먹으라고 보낸 과일이나 과자 등이 쌓여 있는데 아내가 중환자실에 있으니 무슨 소용이 있는가. 안타깝기만 하다.

동지팥죽을 들며 생각나는 이야기들

오늘(양력 12월 22일, 음력 11월10일)이 팥죽 맛을 보는 동지(冬至)다. 아내와 저녁밥을 막 들려고 하는데 손녀한테서 전화가 왔다. "할아버지, 아직 저녁 전이시지요?"

"왜 그러느냐?" "팥죽을 좀 샀는데 가지고 가서 할아버지 할머니와 함께 먹고 싶어서요." "오! 그러니? 그래, 가지고 오거라 저녁 안 먹고 기다리마!" 전화선을 타고 들려오는 손녀의 낭랑한 목소리를 듣던 아내가 만면에 웃음꽃을 피운다.

식탁의자에 앉아 기다린 지 얼마 안 돼서 손녀가 오다가 노량진 시장에서 샀다며 가져온 팥죽 두 그릇을 상위에 내려놓는다. 손녀는 포장을 뜯자마자 조그만 공기에 덜어서 먼저 할머니부터 맛보게 한다. 아내는 연신 "우리 윤정이, 우리 착한 손녀"하면서 팥죽 한 공기를 마파람에 게 눈 감추듯 비운다.

아내에게 점심에 무얼 들었느냐고 물었더니 입맛이 없어서 요양사가 끓여준 잣죽을 반 그릇밖에 안 먹었다고 했다. 그러니 허기질

만도 했다. 아내가 팥죽을 맛있게 드는 모습을 한동안 물끄러미 바라보고 있었더니 손녀가 나도 어서 드시라고 재촉한다. 그리고는 "왜 동지가 되면 꼭 팥죽을 끓여 먹어야 되는 것이냐"고 묻는다.

"옛날에 민간에서는 동지를 흔히 '아세(亞)' 또는 '작은 설'이라 여겼단다. 태양의 부활이라는 큰 의미를 지니고 있어서 설 다음가는 작은설로 대접한 것이지. 이 관념은 오늘날에도 여전해서 동지를 지나야 한 살 더 먹는다거나 동지팥죽을 먹어야 진짜나이를 한 살 더 먹는다고 말할 정도란다. 이를 동지첨치(冬至添齒)라고 한다."

손녀는 1년 중 밤이 가장 길고 낮이 가장 짧은 날이 동지라는 것은 이미 학교에서 배웠다며, 동지를 호랑이 장가가는 날이라고 하던데 그 이유가 무어냐고 묻는다. "그거야, 동지는 날씨가 춥고 밤이 길어 호랑이들이 먹이 사냥을 나가지 않고 굴 안에서 지냈던 모양이다. 그러다보니 암수가 사랑놀이밖에 할 게 없으니 호랑이 장가가는 날이라고도 불렀단다."

"중국 주나라 때는 이날 생명력과 광명이 부활한다고 해서 동지를 설로 삼았다. 당나라에서도 동지를 새해의 시작으로 보았다. 음력 11월을 자월(月)이라 해서 동짓달을 1년 시작으로 삼았단다. 동지와 부활이 같은 의미를 지닌 것으로 보았던 것이지.

그런데 우리나라는 신라에 이어 고려에서도 당나라의 풍속을 그대로 따랐다고 한다."

"귀족들은 동지를 어떻게 지냈나요?" "왕실에서는 동지를 새해 원단과 함께 가장 으뜸 되는 축일로 생각하여 동짓날 임금과 신하, 왕세자가 모여 회례연(會禮宴)이라는 잔치를 베풀었다. 지방의 관원들은 임금에게 전문(文)을 올려 축하의 뜻을 전했다고 한다. 임금을 존경하고 백성들을 어여삐 여긴 미풍양속이었던 것이다."

"할아버지, 옛날에도 달력을 주고받았나요?" "그랬지. 옛날에는 농경본위의 사회라 24절기 등 계절에 맞추어 농사를 짓기 위해서는 달력이 필요했던 것이지. 당시 달력에 기재한 내용도 농사에 맞게 다양하게 만들 수밖에 없었단다. 요즘에도 동지 무렵의 연말연시가 되면 새해 달력을 주고받는데 그런 풍습이 전해내려 오고 있는 것이지."

"이날은 동지부적(冬至符籍)이라 하는데, 뱀 사(蛇)자를 써서 거꾸로 붙여 잡귀를 막는다는 민속이 있었단다. 이야기는 들어봤나?" "아니오, 처음 듣는 거예요." "그랬구나, 그리고 이날 팥죽을 쑤어먹지 않으면 쉬이 늙고 잔병이 생기며 잡귀가 성행한다는 속설도 있단다."

"동짓날 일기가 온화하면 이듬해에 질병이 많고 요즘처럼 눈이 많이 오고 날씨가 추우면 풍년이 들 징조라고 여겼다면서요?" "그랬지, 그건 미신이 아니고 과학이란다.

천문과학인 것이지. 올 겨울처럼 날씨가 춥고 눈이 많이 오면 해충이 얼어 죽을 확률이 높으니 그 말이 일리 있는 것이란다."

"유럽 각국의 성탄절도 초기 기독교가 페르시아의 미트라교(Mithraism)의 동지 축제일이니 태양 숭배의 풍속을 이용해서 예수 탄생을 기념하게 한 것으로 알려졌단다.

신약성서에 예수 탄생 날짜의 기록이 없었다는 것이 궁금하지 않니? 나도 아직은 정확한 이유를 알지 못하지만, 기록은 있지만 후세들이 찾아내지 못했을 수도 있다고 본다."

내가 손녀에게 동지에 관한 세시풍속을 한창 설명하고 있을 때 아들 내외가 팥죽을 들고 찾아왔다. 그리고 회사 달력 몇 개를 가져와 이웃들에게 나눠주라고 한다. 그때 외국에 나가 살고 있는 딸한테서 국제전화가 왔다. 작은설에 찾아뵙지 못하고 대신 팥죽과 반찬을 몇 가지 주문해 보냈으니 용서해 달라며 아양을 떤다.

아이들이 팥죽을 들고 찾아오고 안부 전화도 받고 보니 생전에 동짓날이면 한 번도 빼놓지 않고 팥죽을 쑤어 우리 형제들에게 별미라며 먹이고 나서 이웃에 돌리던 어머니가 생각난다. 그 때 어머니는 '잡귀야 물러가라'며 팥죽을 집안 여기저기에 뿌리시곤 했다.

그 때는 배곯던 시절이라 아까운 음식을 왜 버리시나 하고 의아해했다. 하지만 나이가 들면서 당시 어머니의 자식 사랑을 알 것 같았다. 아름다운 우리 고유의 풍속이니 잘 지켜 발전시켜 나가야겠다. 올해도 아이들 덕에 동짓날 팥죽을 먹었으니 모든 액(厄)은 예방할 수 있게 된 것 같아 마음이 훨씬 가뿐하다. 얘들아, 팥죽 먹게 해줘서 고맙다.

제3부
아내를 위한 기도

의사 쇼핑에 나서다

아내가 걷지 못하게 된 것은 집 가까이에 있는 J대학 병원에서 약을 타다 먹고부터였다. 병명이 파킨슨이라는 판정을 받은 뒤 처방한 약을 1주일쯤 복용한 아내는 그때부터 시름시름 앓기 시작했다. 꼭 몸살이 나서 앓는 것 같았다.

나는 아파트 단지 내에 있는 의원을 찾아가 아내가 몸살기운이 있는 것 같다고 말하고 몸살 약을 지어다 먹도록 했다. 하지만 체온은 높아가기만 했다. 체온계를 가져다 재보니 섭씨 40도에 가까웠다. 나는 안 되겠다 싶어 응급차를 불러 아내를 인근 보라매 병원 응급실로 데려갔다.

응급실의 처방은 급성신장염이라고 했다. 입원수속을 마쳤다. 병실은 중환자실이었다. 간호사 선생의 말이 하마터면 큰일 날 뻔했다고 한다. 코로나가 한창 유행할 때여서 그런지 환자 면회는 하루에 한 번 뿐이고 그것도 간호사를 통해서 질문 답변이 가능했다.

아내는 보름정도 치료를 받고 퇴원했다. 그때부터 도노라는 것을 통해 소변을 받아내야 했다. 신장염증은 거의 완치가 됐으나 전보다 더 걷지를 못했다. 의사의 지시대로 휠체어를 준비했고, 집안 화장실마다 환자가 붙잡을 수 있게 손잡이를 설치했다.

이동식 변기도 구입했다.

나는 J대학병원 담당 의사를 찾아가 아내가 파킨슨 약을 복용하고 나서 몸살을 앓더니 전혀 걷지를 못하니 어떻게 된 것이냐고 물었다. 의사 선생은 솔직히 말해 약을 너무 독하게 쓴 것 같다며 파킨슨 약을 빼고 신경안정제 위주로 처방을 할 테니 한달간 먹어보고 다시 조정하자고 했다.

그날부터 새로 처방한 약을 먹은 결과 전과 같이 몸살기운은 보이지 않았고, 체온도 정상을 유지했다. 나는 아무래도 J대학 병원 의사선생을 믿을 수 없어 아내와 상의하여 이참에 다른 대학병원으로 옮기기로 결정했다.

지인들에게 파킨슨병의 명의가 누구냐고 수소문해 물었다. 신촌 세브란스병원에 있는 한 분이 권위자임을 알아냈다. 하지만, 그 분에게 진료를 받으려면 1년은 대기해야 한다고 한다. 나에게 모교이고 병원장도 알고 하여 부탁을 하면 안 되느냐고 하니 다 소용없다고 한다.

나는 다음날 무조건 병원으로 전화를 걸었다. 담당 간호사 선생이 받았다. 자초지종을 이야기 했더니 대답은 전에 지인으로부터

들은 것과 같았다. 그런데 간호사 선생이 그래도 일단은 신청은 해 놓으라고 한다. 헛수고이겠지 하면서 신청을 했다. 그런데 하나님의 은혜로 두 달 만에 병원에서 연락이 왔다. 이틀 후 아침 9시에 진료를 받으러 올 수 있냐는 것이다.

뛸 것 같이 기쁜 소식이었다. 그러면서 치료 받던 병원에서 병력 등에 관한 기존자료들을 모두 받아오라고 한다. 나는 그날로 J대학병원으로 달려가 치료 자료들을 모두 받아왔다. 나는 세브란스 담당 의사선생을 만났을 때 먼저 병원에서 약화사고가 있었던 같았다고 설명했다.

의사선생은 웃으면서 "앞으로 우리병원에서 처방받는 약만 드시고 다른 약은 모두 폐기 하세요"라고 하면서 파킨슨병은 치료제가 없으므로 기존 약으로 병의 진화를 늦추기만 하고 있으니 환자가 억지로라도 식사를 많이 하시고 걷기운동을 지속적으로 해야 병을 이겨 낸다"고 신신 당부했다.

그러면서 약 처방을 하기 위한 검사를 다시 하고 가라고 한다. 검사가 끝난 뒤 약을 처방받아 집으로 와서 나는 아내에게 기분이 어떠냐고 물어봤다. 아내는 "진즉 이곳으로 와서 치료를 받을 걸 그랬다"며 "앞으로 의사선생님 말씀대로만 따라 운동도 하고 식사도 하면 희망이 있을 것 같다"며 웃는다.

그날 우연히도 그 의사선생 방을 나오다가 대학동기를 만났다.

그 친구도 아내가 파킨슨병을 앓고 있어 같은 의사선생한테서 10년째 치료를 받고 있다고 했다. 친구는 이 의사선생한테서 약을 받아 복용한 뒤로 자기 아내가 정상적인 생활을 하고 있다며 날 보고 희망을 가져보라고 한다.

그런데 문제는 나한테서 발생했다. 며칠 후 내가 갑자기 가슴이 답답하다가 아파오기 시작해서 J대학병원 응급실로 실려 가야만 했던 것이다. 간에 물이 찼다며 입원을 시켜 1주일간 치료를 받고 퇴원했다. 회사 일에, 아내 간병까지 하다가 체력이 거의 소모됐던 모양이다. 집에 돌아오니 아내가 "당신 먼저 떠나는 줄 알고 걱정했다"며 눈물을 글썽인다.

나는 그 자리에서 유머로서 아내를 웃겨주었다. "여보, 세상에서 가장 어려운 일이 두 가지가 있는데 그게 뭔지 알아요?" 아내는 그걸 어떻게 아느냐며 울다가 웃는다. "그게 첫 번째는 내 생각을 남의 머리에 넣는 일이고, 두 번째는 남의 돈을 내 주머니에 넣는 일이지요. 그런데 첫 번째 일을 하는 사람을 '선생님'이라고 부르고, 두 번째 일을 하는 사람을 '사장님'이라고 부른답니다. 그러면 이 어려운 두 가지 일을 한 방에 다 하는 사람을 무어라 부를까요? 정답은 당신과 같은 '아내'랍니다." 아내가 좋아라 하고 활짝 웃는다. 옆에서 이를 지켜보던 아이들도 박장대소 한다.

"그런데 여보, 뒤에 나오는 이야기가 더 재미있어요. 들어볼래요? 첫 번째 선생님에게 대드는 놈은 공부하기 싫어하는 놈이고, 사장님에게 대드는 놈은 돈 벌기 싫은 놈이고, 아내에게 대드는 놈은 더 이상 이 세상을 살기 싫은 놈이래요. 하하하" 아내는 끝내 배꼽을 잡고 웃는다. 나와 가족들도 함께 큰 소리로 웃었다.

웃음치료의 효과

아내의 병세는 시간이 지날수록 더 나빠졌다. 식사를 거의 못하다시피 하니 근육이 빠져 뼈만 앙상하게 남았다. 화장실 변기에 앉힌다든가 휠체어에서 침대에 뉘일 때 들어보면 너무나 가볍게 들린다. 그럴 때마다 가슴이 미어졌다.

사실 1년 전만해도 아내를 들어 옮기려면 젖 먹던 힘을 다해야 했다. 허리를 다치는 경우도 많아 매주 한 번씩 침을 맞기도 했다. 제일 힘든 건 아내가 방바닥 등에 실례를 한 대소변을 치우는 일이다. 눈물도 많이 흘렸다.

아내는 그 때마다 나에게 "미안하다"고 한다. 나는 "당연한 것이니 절대로 '미안하다'고 말하지 말라고 한다." 그래도 그건 약과였다. 나에게 시키는 게 미안해서인지 혼자 화장실에 가려고 한다든가 자전거를 타려다가 낙상하는 일이 종종 있었다.

한 번은 내 전화기가 고장이 나서 잠시 혼자 긴 의자에 드러눕게 하고 수리하러 나간 일이 있었다. 예상했던 시간보다 좀 지체되어

버스 대신 택시를 타고 집으로 오는데 아내한테서 전화가 왔다. 의자에서 일어나 앉으려다가 떨어졌다는 것이다.

　전화하는 소리를 들은 택시 기사님이 라이트를 켜고 앞지르기를 해가면서 나를 집으로 빨리 데려다 주었다. 부리나케 거실로 뛰어들어와 보니 아내는 휠체어 바퀴에 끼어 30여 분간이나 그런 자세로 꼼짝 못하고 있었다고 했다. 아내는 내가 화라도 낼까봐서 그랬는지 "하나도 다친데 없다"고 말한다. 나도 모르게 눈물이 났다.

　내가 부엌일을 하는 동안 혼자서 휠체어를 밀고 가서 자전거를 타려다가 밑으로 굴러 떨어진 일도 여러 번 있었다. 그 때마다 팔과 다리에 찰과상을 입곤 했다. 그런 날은 잠꼬대를 심하게 한다든가 자다가 깜짝깜짝 놀라는 일이 많았다. 나도 덩달아 잠에서 깨어나 쉽게 잠에 들지 못하곤 했다.

　하루는 분당에 사는 딸이 찾아왔다. 내가 병간호에 너무 힘든 것 같다면서 그날은 자기가 며칠 엄마와 같이 자면서 간호하겠다고 자처했다. 처음엔 너무 힘들다면서 말리다가 딸과 함께 자면 아내에게 좋을 것 같아 그렇게 하라고 허락했다.

　다음 날 아침 딸은 나에게 요양보호사를 24시간 근무케 하는 게 어떠냐고 건의한단다. 자기는 도저히 하룻밤 이상 간호하기가 힘들더라고 실토했다. 어젯밤에도 다섯 번이나 깨어 화장실을 찾으시니 그동안 어떻게 간병하셨냐면서 연신 하품을 해댔다.

다음날부터 내가 아내 옆에서 잤다. 그날도 아내는 5번 정도 화장실을 다녀와야 했다. 아내는 잠이 잘 안 온다면서 나에게 며칠 전처럼 유머를 들려달라고 한다. 그러면 잠이 좀 올 것 같다고 한다. 나는 졸린 눈을 감은 채 억지로 이야기를 해주었다.

웃음치료라도 할 참이었다.

"어느 날 한 남자가 죽어서 하늘나라에 갔대요. 평소에 얼마나 잘못 살았던지 그는 제 발로 지옥으로 찾아갔답니다. 그런데 지옥 문 앞에 가보니 아, 글쎄 '공사 중'이란 팻말이 붙어있더래요. 그는 투덜거리며 돌아서다가 염라대왕을 만나 그 이유를 물었답니다.

염라대왕의 말인 즉슨 '생전에 찜질방과 불가마에 사우나를 출입해온 한국 사람들 때문에 지옥 안을 고치고 있다'는 것이었어요. 한국 사람들은 지옥 불 정도의 온도에는 끄떡도 하지 않는다는 것이지요.

오히려 한국 사람들은 지옥 불에서 '아! 따뜻하다'거나 '아! 시원하다'고 한다는 거예요. 그래서 모든 실내 온도를 급격히 올리기 위해서 지옥이 생긴 이래 최초로 개·보수 공사를 하고 있다고 하더랍니다.

그래서 그 남자는 천국으로 갔대요. 그랬더니 천국 역시 '공사 중'이었답니다. 이번엔 옥황상제에게 물어봤대요. 그랬더니 옥황상제 하시는 말씀이 '천국도 한국 사람들 때문에 보수공사를 하지 않을 수 없다'고 하더랍니다. 한국 사람들이 하도 많이 얼굴을 뜯어고쳐서 본인 여부를 확인하기 위해 '자동인식기'를 설치 중이었대요."

아내가 잠이 들은 줄 알았는데 깔깔대며 웃었다. 그러면서 재미있으니 다른 것 하나만 더 해달란다. 그러면 하나만 더 해줄 테니 그만 자도록 노력하라고 하고 오늘 낮에 잡지에서 읽은 유머를 전해 주었다.

"어느 날 한국 여자가 평소에 잘 알고 지내던 베트남 여인과 함께 가까운 산으로 등산을 갔답니다. 그런데 잘못해서 두 여자가 그만 늪에 빠지고 말았어요. 다행스럽게도 마침 나무꾼이 지나가고 있었지요. 그래서 한국 여인이 '사람 살려'하고 외쳤답니다.

황급히 달려온 그 나무꾼은 먼저 베트남 여인을 덥석 안아서 구해주었어요. 그리고 나서 한국 여인을 구해줄 줄 알았는데 그냥 보고만 있더랍니다. 베트남 여인은 하도 답답한 나머지 나무꾼에게 물어봤대요. '왜 한국 여인은 구해주지 않고 바라만 보고 있느냐'고요.

그랬더니 그 나무꾼 왈 '한국 여인들은 손만 잡아도 성추행 범으로 신고하는 바람에 잘못하다간 수천만원을 배상하는 등 매우 골치가 아파요. 그러니 못 본체 하고 그냥 지나가려는 것이라'고 하더랍니다. 요즘 우리네 세태를 빗댄 유머 같아요. 아내는 그제야 잠이 든 모양이다.

　아내는 천만다행으로 치매증상은 전혀 없었다. 어떤 때 보면 기억력이 나보다도 훨씬 좋은 편이었다. 발병하기 전에 보건소에 가서 인지도를 검사를 받았는데 점수가 나보다 높았다. 학자들은 인간에게 생기는 치매는 나이 먹고 늙어서 생기는 병이 아니고 물을 잘 마시지 않아 생기는 병의 하나라고 한다.

　우리들은 40~50대부터는 물을 잘 마시지 않는 경향이 있는데 물을 안 마시면 제일 먼저 피부가 늙어가고 다음은 장기가 늙어간다고 한다. 그래서 50~60대가 되면 여기저기 아파지는 곳이 많아진다는 것이다.

　최종적으로 우리 몸에 물이 부족하면 뇌에 물 공급이 잘 되지 않고 뇌가 아프기 시작한다. 그래서 노인이 되면 질환 중에서 뇌 관련 질환이 많다. 의사들은 물 부족이 만병의 근원이라고 말한다. 반대로 물만 잘 들어도 질병의 80%는 스스로 낫는다고 한다.

　우리말에 '온수는 보약'이라는 말도 있다. 냉수는 체내 산화를 빠르게 가져와 노화를 촉진시키므로 마시면 안 된다고 한다. 그래서 나는 늘 아내가 밤에 따뜻한 물을 자주 마실 수 있도록 준비해 두곤 했다. 물을 자주 마시게 하니 화장실을 자주 가는 것 같았다. 나는 잠이 항상 모자랄 수밖에 없었다. 전철을 타면 조는 게 일과였고 자다가 수원까지 간 경우도 여러차례 있었다.

삶에서 꼭 기억해야 할 일들

2000년 전 화산재에 덮였던 폼페이는 원래 5만여 명이 살던 작은 도시였다. 비세비우스 산의 대폭발이 있기 전 화산재가 조금씩 뿜어져 나와 며칠 동안 노예와 가난한 시민들은 서둘러 피난을 떠났다. 결국 파묻힌 2000여 명은 귀족들과 돈 많은 상인들이었다.

돈과 권력, 명예로 배부른 사람들은 마지막까지 자기의 저택을 지키려다가 결국 모든 것을 잃어버렸다. 태풍에 뿌리가 뽑히는 것은 큰 나무이지 잡초가 아니다. 자신이 일등이라고 생각한다면 먼저 이것을 기억해야 한다. 우리는 모두 지구라는 별에 놀러온 여행객들이라는 사실 말이다. 이곳에서 소풍을 끝내는 날 먼 길을 떠나야 한다.

내 이야기에 솔깃해 하던 아내가 말한다. "소풍을 끝내고 떠나는 순서는 없다는 것이지요. 당신은 늘 당신이 먼저 떠나야 한다고 말하지만 그건 하나님이 하시는 일이지요.

암만해도 우리 둘 중에 내가 먼저 떠날 것 같아요. 이젠 언제 떠나느냐만 남은 것 같아요." 아내는 자신의 병세가 점점 깊어진다는 것을 알고 하는 말 같다.

내가 그렇지 않다고 했지만, 아내는 자기 듣기 좋으라고 하시는 말씀인데 그러지 말라고 한다. 요즘 아내의 병세는 점점 나빠지는 것 같다. 식사를 잘 못하고 침대에 누웠다가 일어날 때 어지러워서 무척 힘들어 한다. 그 때마다 머리가 아파서 두 손으로 움켜잡거나 주먹으로 두드리기도 한다. 내가 대신 그 역할을 해주지만 고통스러워하는 모습을 볼 때마다 안타깝기만 하다.

나는 이야기를 계속해준다. "그런데 여보, 여행이 즐거우려면 세 가지 조건이 맞아야 한다고 하는데 그게 무언지 알고 있어요?" 아내가 핀잔섞인 말을 한다. "내가 몸도 아픈데 그걸 어떻게 알아요. 당신이 아시는대로 이야기 해주세요. 그러면 자장가처럼 듣고 잠들 거예요." 나는 아내의 다리를 주물러 주면서 이야기를 계속해준다.

"그건 말이요. 첫째가 짐이 가벼워야 한답니다. 둘째는 동행자가 좋아야 하고, 셋째는 돌아갈 집이 있어야 한답니다." 그러면서 나는 이 세상 모든 것들은 여기 사는 동안 잠시 빌려 쓰는 것이라는 점을 강조한다. 아내가 중얼거린다. "그러게 말입니다. 사람들은 자기 것처럼 마구 더럽히고 있어요. 후손들은 생각을 하지 않아요."

내가 추임새를 넣는다. "빌려 쓰는 것이니 마치 여행가서 호텔에서 제공하는 치약 같은 것이지요. 아마도 우리가 언젠가는 죽는다는 것을 알아야 올바르게 살지 않을까 합니다. 그런데 여보, 우리가 죽음에 대해 분명히 알고 있는 세 가지가 무언지 알아요?" 아내는 아무 대답도 없이 나를 쳐다만 본다. 어서 대답해 보라는 뜻 같다. 나는 알아듣고 대답해줬다.

"첫째는 사람은 분명히 죽는다는 것이고 둘째는 죽을 때는 나 혼자서 죽는다는 것이고, 셋째는 아무 것도 가지고 갈 수 없다는 것이랍니다. 그래서 수의에는 주머니가 없는 것이지요. 그런데 죽음에 대해 모르는 것도 세 가지가 있어요. 첫째는 언제 죽는지 모른다는 것이고, 둘째는 어디서 죽을지 모른다는 것이고, 셋째는 어떻게 죽을지 모른다는 것이랍니다."

"그렇겠네요. 그래서 항상 준비하고 있어야 하는 것이겠지요."
"모든 사람이 낳는 방법은 거의 비슷하지만 그러나 죽는 방법은 천차만별하다고 합니다. 그래서 인간의 평가는 태어나는 것보다 죽는 것으로 결정된다고 해요. 언제나 이웃을 사랑하고 배려하며 주어진 삶을 다할 때 우리는 '그 사람 참 잘 살다간다'고 말하는 것 같아요."

아내는 내 이야기가 끝나기 무섭게 "우리 부부는 잘 살다가 간다는 소리를 들을까요?"하고 묻는다. 나는 잘은 모르지만 당신은 잘 살다가 갔다고 말할 것 같다고 말해주었더니 아내는 전혀 그렇지 않다고 한다. 앞으로도 범사에 감사하고 이웃을 위해 좋은 일을 더 많이 해야 한다는 것이다.

"세상에는 없는 게 세 가지가 있는데 첫째는 정답이 없고, 둘째는 비밀이 없고, 셋째는 공짜가 없다고 합니다. 그러니 앞서 말한 것들도 꼭 정답은 아니고 오답도 있을 것 같아요. 당신 병도 치료제가 발명돼 3상중이라고 하니 그게 시판될 때까지 잘 버틴다면 완쾌될 수 있으니 너무 걱정하지 말라"고 말해주었다. 아내는 그 사이 잠이 든 모양이다.

사실 아내는 파킨슨병으로 병석에 누운 지 3년째가 됐다. 주치의에 따르면 불행히도 파킨슨증후군이어서 투약하는데 어려움이 많다고 한다. 발병 3개월간은 그런대로 혼자 화장실도 다녀올 수 있었으나 그 다음부터는 걷지를 못하고 휠체어를 이용해야 움직인다. 그러다보니 혼자서 할 수 있는 일이 없다. 체중도 늘다가 점점 줄어든다.

걷기를 못하니 걷기보조기를 이용한 걷기운동도 할 수 없다. 식욕이 있을 리 없다.

과일도 먹는 양이 전보다 크게 줄었다. 약은 수량과 종류가 늘어나니 한 번에 삼키지를 못한다. 변비가 생겨 화장실에 가면 그때마다 애를 먹는다. 물을 많이 마시라고 해 소변보는 횟수가 늘어나면서 간병인이 시중들기에 여간 바쁜 게 아니다.

  아내는 종종 나에게 어떻게 해야 사람답게 사느냐고 말한다. 나는 그냥 지금처럼만 하고 살아도 사람답게 사는 것이라고 말해준다. 아내는 힘들게 해서 미안하다는 말도 입에 달고 산다. 나는 더 잘 못해줘서 내가 오히려 미안하다고 한다. 그러면서 곧 치료제가 개발돼 시판되면 당신은 병석에서 일어나 예전처럼 교회도 동행하고 여기저기 다닐 수 있다고 말해준다. 아내는 그 말에 자신을 얻은 듯 다시 깊은 잠에 빠진다.

응급실로 실려 간 아내

오늘 오후 2시쯤이었다. 친구들과 점심을 들고 사무실로 막 들어오는데 요양보호사가 전화를 걸어와 다급한 목소리로 어르신이 숨을 안 쉰다고 한다. 그게 무슨 소리냐고 되묻자 빨리 119 차를 불러 병원 응급실로 모시고 가야 한다고 했다.

나도 급한 김에 그렇게 하라고 하고 택시를 불러 타고 집으로 가는데 다시 요양보호사가 전화를 했다. 지금 119 차를 타고 중앙대학교 병원 응급실로 간다고 한다. 나는 택시 운전사에게 중앙대 병원 응급실로 가주시라고 부탁했다.

그 때 아들의 전화가 왔다. 지금 어디 계시냐고 묻는다. 택시타고 병원으로 가는 중이라고 했다. 천천히 오시라고 하면서 전화를 끊었다. 딸에게 전화를 넣었더니 아들한테서 연락 받고 가는 중이라고 했다. 택시 기사가 나의 전화를 듣고는 차를 빨리 모는 것 같았다.

병원에 도착해서 먼저 와 있던 아들한테서 들으니 아내는 살아도 종전과 같은 상태로 회복되기는 어려울 것 같다고 했다. 두어 시간 가량 응급처치를 받고 아내는 오후 5시 반쯤 중환자실로 옮겨졌다. 이때부터 가족 면회가 금지되고 하루에 한 번 낮 12시부터 1시 사이 한 가족만 10분 가량 면회가 가능하다고 한다.

우리 내외는 올봄 초에 사전 연명 의료의향서를 작성해 등록한 바가 있다. 그래서 뇌사상태에 있을 때는 가족들이 연명치료를 더 이상 않기로 결심하면 환자가 큰 고통 안 받고 하늘나라로 갈 수 있도록 보내드린다고 한다.

주치의사는 아들에게 아내가 앞으로 3일간 중환자실에 있으면서 또 심정지 상태가 온다든가 하면 연명치료 중단 결심을 하시는게 좋을 것이라고 했다고 한다. 그래서 나는 두고 보자고 하면서 그래도 모르니 한 일주일만 기다렸다가 치료 중지를 결심하자고 할까 생각 중이다.

나는 딸네 차를 타고 집으로 와서 손녀, 손자와 같이 저녁을 들었다. 밥알이 꼭 모래알을 씹는 것 같아 몇 수저 뜨고 내려놨다. 그리고 아내와 나의 과거 삶을 반추해보는 장시(長詩) "할미꽃 당신"을 완결하고 오늘 겪었던 일기를 쓰고 있다.

그러면서 내가 감당할 수 있는 삶의 무게는 얼마나 될까를 생각해 봤다. 특히 오늘과 같은 경우 내가 감당할 수 있는 삶의 무게는 얼마나 될까? 어깨를 짓누르는 것이 적어도 쌀 한 가마의 무게는 되는 것 같았다.

안방에 들어서 보니 아내가 쓰던 병원용 침대가 눈에 제일 먼저 들어왔다. 그리고 그 옆에 아내가 타던 휠체어가 주인이 중환자실에 누워 있는 줄도 모르고 있었다. 이동식 화장대가 경대 앞에 있고 옆으로 기저귀와 도뇨 기구들이 쌓여 있다. 그런 물건들을 보고 나니 내가 감당할 수 있는 무게는 쌀 한 가마니가 아니라 큰 바윗돌 무게만큼이나 무거울 것 같았다.

며칠 전이다. 아내가 느닷없이 내 통장으로 방금 돈 천만 원을 입금시켰다고 했다.

나는 왜 농담을 하느냐고 했다. 그랬더니 옆에 있던 아들이 자기가 어머니의 명으로 대신 이체시켰다고 했다. 나는 속으로 이상한 생각이 들었다. 흔히 사람들이 헤어질 때가 되면 이상한 짓을 한다고 들어왔기 때문이다.

나는 너무 많다고 하면서 반만 돌려주겠다고 했더니 아내가 그냥 넣고 쓰시라고 한다. 그러면서 남자가 주머니에 용돈이 충분해야 기를 편다고 말하고, "당신도 어깨 좀 펴고 나가서 친구들에게 밥도 사주고 하세요"라고 한다.

지난 주말엔 아내가 주말마다 집에 와서 청소를 해주는 아주머니에게도 용돈으로 10만원을 건네주었다. 그분이 청소를 일찍 끝내고 아내의 발을 안마해주곤 해서 고마워서 그랬단다. 그날은 손자들에게도 용돈을 듬뿍듬뿍 쥐어주었다. 아내의 마음이 이렇게 변하면 변고가 생길텐데 하는 생각에 내 머리는 갑자기 터질 것만 같았다.

 오후 7시쯤 아내가 중환자실에 들어간 것을 확인하고 아들이 집으로 돌아와 주치의의 말을 전해주었다. 앞으로 3일 이내에 아내가 다시 심정지 상태가 올 수 있다고 했다. 그리고 앞서 있었던 심정지 상태로 다른 기관들이 손상을 입었는데 다시 그런다면 기적이 일어나기 전에는 소생하기가 어렵다고 했다고 한다.

 그래서 3일 정도 지켜봤다가 연명치료 중단 결정을 하는 게 좋겠다고 했다는 것이다. 나는 일주일 정도 지켜보다가 결정하자고 했다. 미련이 남아서일 것이다. 누가 또 아는가. 하나님의 기적이 일어날지는 아무도 모르기에 열심히 기도하자고 했다. 아들이 목이 메어 눈물을 감추면서 이 말을 전하는 동안 딸은 옆에서 연신 눈물을 훔치고 있었다. 아내의 수명은 하늘에 맡기기로 했다. 이제 기도하는 일만 남았다.

늙으면 나중이 없다

오늘도 아내가 입원해 있는 병원 중환자실로 찾아갔다. 중환자실의 가족 면회 규칙은 아주 엄격하다. 하루에 한 번 오후 1시부터 20분간이 면회 허용시간이다. 4층 병실 앞에서 환자의 이름을 대고 자신과의 관계와 성명 주민등록번호 전화번호 등을 방문 일지에 기재하고 유의사항을 듣고 병실로 들어간다. 그것도 가족 한 사람만 가능하다. 교대로 들어갈 수도 없다.

아내는 내과병동에 맨 오른쪽 창가에 누워있다. 담당 의사선생의 말은 현재 자기 심장의 박동이 어려워 기계로 도와주고 있는 상태라고 한다. 환자의 심장 박동이 정상으로 돌아와야 의식이 돌아오는데 현재는 그런 상태가 되기를 기다리는 중이란다. 그러나 다시 심정지가 되면 그 때는 회복이 안 된다고 한다. 연휴가 끝나면 뇌 사진을 찍어서 현재 상태를 다시 정확히 확인해보겠다고 한다.

오늘 면회는 우리가족이 섬기는 강남교회 담임목사님이다. 아내는 한 달 전에 부목사님의 심방을 받은 뒤 나에게 담임목사님을 뵙고 싶다고 했다. 아내는 지금 담임목사님을 청빙할 때 청빙위원이어서 더 친밀감을 느끼는 모양이다. 나는 미리 병원 정문 앞에 가서 기다리다가 목사님이 도착한 후 병원 본관 4층 중환자병실까지 안내해 드렸다.

담임목사님은 "오늘 한번만 죄를 짓는다."면서 환자의 사위라고 적고 들어갔다 왔다.

목사님은 면회 허용시간 내내 정성을 다해 기도하고 나왔다. 그리고 병실 밖에서 우리 가족들을 위해 기도해 주셨다. 어제 나 혼자 들어갔을 때는 어찌나 목이 메는지 기도를 제대로 못했다. 그래도 아내의 찬 손을 붙잡고 하나님께 아내를 살려달라고 간절히 기도했다.

목사님을 배웅하고 사위 차를 타고 집으로 왔다. 동네 친구가 전화를 걸어 시간이 되면 차 한 잔 하자고 한다. 카페에서 친구는 '늙으면 나중이 없다'는 이야기를 해준다. 어느 명사가 초청강연에서 '행복'이란 주제를 가지고 강연을 하다가 청중들에게 이렇게 얘기했다고 한다.

"여러분, 여행은 가슴이 떨릴 때 가야지, 다리가 떨릴 때 가면 안됩니다." 그러자 청중이 한바탕 웃으며 "맞아, 맞아, 여행은 가슴이 떨리고 힘이 있을 때 가야해 다리 떨리고 힘없으면 여행도 못가는 거야"하며 맞장구를 쳤다.

그러자 한 사람이 이의를 제기했다. "말씀은 좋은데 아이들 공부 시켜야 하고, 결혼도 시켜야 하고, 해줄게 많으니 여행은 꿈도 못 꿉니다. 나중에 시집, 장가 다 보내고 그때나 갈랍니다."

하지만 나중은 없다. 세상에 가장 허망한 약속이 바로 '나중에'라는 것이다. 무엇인 가 하고 싶으면 바로 지금 실천에 옮겨야 한다. 영어로 'Present'는 '현재'라는 뜻인데 '선물'이란 뜻도 있다. 우리에게 주어진 '현재'라는 시간은 그 자체가 '선물'임을 알아야 한다. 오늘을 즐기지 못하는 사람은 내일도 행복할 수 없다. 친구의 지론 같았다. 나도 절대 동의한다고 했다.

아내가 입원하기 두어 달 전쯤일 것 같다. 나에게 이런 말을 했다. "여보, 나는 바보처럼 산 것 같아요." "그게 무슨 소리예요?" "보세요. 아들 유학 보낸다고 먹고 싶은 것 못 먹고 입고 싶은 것 못 입고 했잖아요." "그런 면은 있지만 그래도 당신이 아껴 쓰느라고 그랬지, 못 먹고 못입고 하지는 않았어요. 무슨 영화배우들처럼 입고 싶었다면 모르겠지만. 그리고 나하고 국내외 여행을 얼마나 많이 다녔어요." "그건 그래요. 당신 덕분에 국내 여행은 거의 안 가본 데가 없어요."

나는 한 예를 들었다. "암 환자들이 의사에게 공통적으로 하는 얘기가 있대요. 선생님, 제가 예순 살이 되면서부터는 여행을 다니며 즐겁게 살려고 평생 아무데도 다니지 않고 악착같이 일만 해서 돈을 모았습니다. 그런데 이제 암에 걸려서 꼼짝도 할 수가 없네요. 차라리 젊었을 때 틈나는 대로 여행도 다니고 즐길 걸 너무 너무 억울합니다."

의사 선생님이 이렇게 말하더랍니다. 오늘은 정말 갈비가 먹고 싶네. 그래도 내가 평생 먹지도 않고 쓰지도 않으면서 키운 아들 딸이 셋이나 있으니 큰 아들이 사 주려나, 둘째 아들이 사 주려나, 아니면 막내딸이 사 주려나? 그러나 어느 자식이 일하다 말고 어! 우리 엄마가 지금 갈비를 먹고 싶어 하네, 당장 달려가서 사드려야지! 이렇게 하는 아들, 딸이 있을까요? 없지요.

"내 말 잘 들으세요. 지금 갈비가 먹고 싶은 심정은 오직 자기 자신만 알지 다른 사람은 몰라요. 그러니 갈비를 누가 사 줘야 하나요? 내가 달려가 사 먹으면 됩니다.

누구 돈으로 사 먹어야 하나요? 당연히 자기 지갑에서 나온 돈으로 사 먹어야지요.

결국 나한테 끝까지 잘해줄 사람은 자기 본인 밖에 없다는 얘깁니다."

"또 하나 명심할 것은, 나의 행복을 자식에게 떠넘기지 말아야 하는 것입니다. 자식이 자주 찾아와 효도하면 행복하고, 아무도 찾아오지 않으면 불행하다고 말하는 사람은 자신의 삶을 껴안을 줄 모르는 사람입니다. 진정으로 행복해지고 싶다면 가만히 앉아서 누가 나를 행복하게 해주기만을 기다리는 수동적인 정신상태부터 바꿔야 합니다. 먹고 싶은 것이 있으면 내가 알아서 사 먹고, 행복해지고 싶다면 지금 당장 행복한 일을 만들면 되는 것입니다." 의사선생님의 말씀에 아내도 수긍이 간다고 한다.

"여보, 나중은 없어요. 지금이 당신에게 주어진 최고의 선물이라는 것을 알아야 합니다. 오늘부터 어떤 상황에 부닥치더라도 '나중에'라는 말은 지구 밖으로 멀리 던져 버리세요. 지금 당장 실천하고 행동해서 행복의 기쁨을 누리세요. 자, 먹고 싶은 게 뭐예요. 내가 씁니다. 입고 싶은 것도 말하세요. 내가 번 돈 내가 모은 돈 내가 안 쓰면 다른 사람이 씁니다. 짧은 인생, 나중은 없어요."

내 제안에 아내는 자기가 쏜다고 한다. 무척 기분이 좋았던 모양이다. 이 이야기를 친구에게 전해줬더니 크게 동감한다고 했다. 친구는 자기도 벌어놓은 재산이 얼마 안되지만 쓰지 않고 남겨놔야 결국은 벌지 않은 아들 딸 들이 모두 쓰게 된다면서 지금 당장 집에 가서 아내와 갈비부터 먹으러 가야겠다며 자리에서 벌떡 일어나 밖으로 나갔다.

아내를 위한 기도

유명한 역사학자 H.G 웰즈가 쓴 '대주교의 죽음'이란 단편 속에는 다음과 같은 이야기가 나온다. 하루는 대주교가 기도시간이 되어 성전에 들어가 평소처럼 기도를 했다고 한다.

"오! 전능하고 자비로우신 하나님!" 그가 막 기도를 시작했을 때였다. 갑자기 하늘에서 "오냐! 무엇을 구하느냐?"고 하는 우렁찬 목소리가 들려왔다. 대주교는 깜짝 놀랐다. 그는 "하나님! 정말로 제 기도를 듣고 계셨군요." 하고는 그만 그 자리에서 심장마비를 일으켜 죽고 말았다.

그는 평생을 성직자로서 기도시간이 되면 정확하게 성당에 들어가 기도해 왔었다.

그게 그의 일관된 생활이었다. 그런데 그는 왜 하나님의 음성을 듣고 사망했을까? 우리에게 가르쳐주는 바가 실로 의미심장하다.

또 다른 이야기도 있다. 어느 농촌 교회에서 있었던 이야기이다. 어느 해인지 가뭄이 계속되던 해였고 한다. 전(全)교인이 교회에 모여 비를 내려주시도록 하나님께 합심기도를 했다. 기도회에 나온 성도들의 참여율도 높은 편이었고, 성령이 충만해 보였다.

그런데 그날 기도회에 참석한 사람 중에 우산을 가지고 온 사람은 초등학교 3학년 여학생 한 사람뿐이었다. 모두 기도를 하겠지만 '설마 하나님이 기도를 들어주시겠나?'하고 의심하거나 확신 없이 형식적으로 모였던 것 같다. 지금도 이런 기도생활을 하는 경우가 많을 수 있다. 그래서 기도할 때 '이방인처럼 중언부언하지 말라'는 충고가 있는 것 같다.

내가 교회에서 듣고 배운 것은 '중언부언은 빈말을 되풀이 하는 것', '마음속에서 진심으로 우러나오지 않는 말', 혹은 '입술로만 드리는 기도'를 말한다. 그래서 나 역시 기도할 때마다 마음속에서 우러나오는 기도를 하려고 노력한다. 아내가 병석에 누우면서 나는 오직 하나님께 집중하여 열렬하게 기도해오는 것 같다.

요즘 들어 아내를 위한 기도는 시도 때도 없이 하는 편이다. 특히 아내가 소파에서 일어날 때라든가 침대에 누웠다가 일어나면서 극심한 고통을 겪을 때면 나는 아내의 머리를 내 가슴에 끌어안고 전심전력을 다해 기도한다.

"오! 전능하시고 자비로우신 하나님! 아내의 고통을 멈추게 하여 주옵소서. 아내가 주님의 은혜로 하루빨리 병석에서 일어나 전처럼 저와 함께 성전에 나가 기도할 수 있게 하여 주시옵소서. 지금

사탄이 우리 부부의 신앙생활을 방해하고 있사오니 이를 물리쳐 주시옵소서. 언제나 하나님을 향한 찬미와 감사와 고백과 소원을 아뢸 수 있게 하여 주시옵소서."

아내의 병세는 가을로 들어서면서 점점 나빠지는 것 같다. 식사량이 줄어들고 손과 다리가 자주 마비되는 현상이 나타난다. 약을 들고 나면 약기운에 취해 잠을 한 없이 잔다. 팔다리 근육이 빠지니 자연히 몸무게도 줄어든다. 보행이 안 되니 언제나 누군가 옆에서 부축해줘야 한다. 이런 증상은 낮보다 밤이 더 심하다.

오늘밤엔 아내가 또 얼마나 고통 속에 보내야 할까? 걱정이 앞선다. 하지만 아무런 도움을 주지 못하는 내 자신의 무능함에 자괴하면서 나는 하나님을 다시 찾는다. 나도 모르게 하나님께 호소한다. 여북하면 '아내보다 저를 먼저 하나님 곁으로 불러주소서'하고 기도할 때가 한 두 번이 아니다.

엊그제는 아내를 부축하다 허리와 오른쪽 어깨에 무리가 왔나보다. 갑자기 허리가 끊어지는 것처럼 통증이 온다. 어깨도 아파온다. 무거운 것을 들기가 힘이 든다. 이 모습을 본 아내가 얼른 파스를 붙이라고 한다. 파스를 며칠 째 붙였지만 통증은 호전 되지 않는다. 나는 아내에게 침이라도 맞아야겠다고 말했지만, 아직도 짬이 나질 않아 한의원을 찾아가지 못하고 있다.

오늘 아침이었다. 아내가 출타하는 나에게 "오늘은 어떤 일이 있어도 한의원에 가서 침을 맞고 오라"고 신신당부한다. 그러면서 이미 한의원에 대금을 부쳤으니 진찰 받고 한약 한재를 지어다 드시라고 한다. 자기 몸도 제대로 가누지 못하는 사람이 내 걱정을 하니 나도 모르게 울컥해진다.

  나는 오늘 아침도 요양사 분께 아내를 맡기고 여느 때처럼 출근하면서 다시 두 손 모아 아내를 위한 기도의 끈을 놓지 않는다. 성령의 감동으로 우리 마음에 역사하시는 주님의 뜻에 순종하겠다고 아뢴다. 그리고 "구하라 그러면 너희에게 주실 것이다, 찾아라 그러면 발견할 것이다, 두드리라 그러면 문이 너희에게 열릴 것이다" 이 말씀 붙잡고 대문을 나선다.

부부란 이런 겁니다

오늘 오전 10시쯤에 병원에서 아들에게 연락이 왔습니다. 오늘 당신 뇌 검사를 실시 한답니다. 아마 CT를 찍으면 이틀 후에 결과가 나온답니다. 그 결과에 따라 연명치료를 더 할지를 판단한답니다. 당신과 영영 이별할지도 모른다는 생각에 눈앞이 캄캄하고 걸음을 걸을 수가 없습니다.

아들과 딸을 앞세워 병원으로 달려갔습니다. 의사를 만나고 온 아들의 이야기는 아침과 같았습니다. 기다리는 동안 기도만 했습니다. 나와 아들은 점심도 안 먹었습니다. 시간이 없는 게 아니라 밥을 먹기 싫었습니다. 오직 하나님에게 의지하고 있어요.

당신이 쓰러지기 꼭 열흘 전이었지요. 내가 당신에게 부부란 이런 거라며 10가지의 증거를 설명했지요. 내 수첩에 늘 적어가지고 다니는 것이니 여기다 옮겨 적어두고 내일 병원에 가서 다시 이야기 해 줄게요. 당신이 의식이 돌아와서 이 이야기를 들을 수 있도록 기도할 겁니다.

첫째, 부부는 항상 서로 마주보는 거울과 같습니다. 내가 웃고 있으면 당신도 웃고 있고, 내가 찡그리면 당신도 찡그리지요. 그러니 예쁜 거울속의 나를 보려면, 내가 예쁜 얼굴을 해야겠지요.

둘째, 부부는 평행선과 같아야 합니다. 그래야 평생 같이 갈 수 있어요. 조금만 각도가 좁혀져도 그것이 엇갈리어 결국은 빗나가게 됩니다. 따라서 우리 부부도 완벽하지는 못했지만, 그래도 우리처럼 부부의 도(道)를 지키고 평생을 반려자로 여기며 살도록 해야겠지요.

셋째, 부부는 무촌입니다. 너무 가까워서 촌수를 헤아릴 수가 없어서 그렇답니다. 한 몸이니까요. 그런데 또 그 반대라고도 한답니다. 왜 그런지 아세요? 등을 돌리면 남남이 되기 때문이지요. 그래서 촌수가 없답니다.

넷째, 이 지구상에 80억이라는 인구가 살고 있는데 당신은 그 중의 단 한 사람이지요. 이 세상에 딱 한 사람, 둘도 아니고 딱 한 사람, 얼마나 소중한 사람입니까? 당신은 나에게 가장 소중한 딱 한 사람입니다.

다섯째, 부부는 반쪽과 반쪽의 만남입니다. 한쪽과 한쪽의 만남은 둘이지만, 반쪽과 반쪽의 만남이니 하나인 것입니다. 그러니 외눈박이 물고기처럼 항상 같이 있어야 양쪽을 볼 수 있습니다.

여섯째, 부부는 마음에 들었다 안 들었다 하는 사이랍니다. 어찌

다 마음에 들겠어요. 다른 것이 너무 많은데요. 그래도 서로의 마음에 들도록 애써야 합니다. 그런데 나는 그렇게 못했어요. 다시 한번 사과합니다.

일곱째, 부부는 마치 벽에 걸린 두개의 꽃장식과 같이 편안하게 각자의 색채와 모양을 하고 조화롭게 걸려있는 것과 같습니다. 그래서 보는 사람으로 하여금 편안함과 아름다움을 선사합니다.

여덟째, 부부는 2인 1각입니다. 많이 들어본 이야기지요? 한쪽 발을 묶고 같이 걷는 게 부부입니다. 예전에 아들 초등학교 운동회에 가서 해봤잖아요. 하나 둘 하나 둘하며 같이 걷다가 넘어지기도 했지요. 그래서 부부는 발자국을 같이 찍어 간다고 하는 모양입니다. 그리고 흔적을 같이 남기지요. '자식'이란 흔적을 이 세상에 남기고 가는 것입니다. 그래도 사랑스러운 흔적을 남기고 가는 것이지요.

아홉째, 부부는 닮아간답니다. 이 말도 많이 들어봤지요? 부부는 같이 늘 바라보니 닮아가는가 봅니다. 그래서 까만 머리가 같이 하얗게 된대요. 부부는 하얀 머리를 서로 염색해 주면서 늘 아쉬워하지요. 이 세상 떠날 때 혼자 남을 반쪽을 보며 아쉬워하는 것이랍니다. 요단강을 같이 건너지 못해서 아쉬워한대요.

열째, 부부는 늘 감사한답니다. 한평생 서로 돕고 검은 머리 파뿌리가 될 때까지 반쪽이 만나서 한쪽으로 되어 살아왔기 때문이지요. 가끔 발이 안 맞아 삐걱대기도 했지요. 미안해요. 그 모두가 내 탓이었다오. 하지만 그래도 우리 부부는 무난히 자식 낳고 기르면서 같이 고생하면서 살아온데 대해 하나님께 감사해야 하는 것이지요. 여보, 사랑해요.

마지막까지 내 곁에 남는 사람

할렐루야! 당신이 드디어 해냈군요. 오늘 아침 6시부터 스스로 심장이 뛴다고 들었습니다. 그래서 보조 기계를 대형에서 소형으로 바꿨다고 합니다. 이 모두가 하나님의 은혜입니다. 수많은 가족과 친지들께서 중보기도 함에 주님이 응답해주신 것입니다.

기도해 주신 모든 분께 감사드립시다.

오늘 당신 면회는 아들 차례였어요. 아들은 면회시간이 오후 1시부터인데 점심을 11시 반쯤 대충 들고는 오후 12시쯤에 병원으로 갔습니다. 마음이 급했던 것 같습니다.

오후 1시에 중환자실로 당신을 만나러 들어갔답니다. 마침 의사 선생님이 그 자리에 계셨고 선생님은 아들에게 "엄마가 오늘 아침 6시쯤부터 스스로 심장박동을 하기 시작했으며, 심장보조 기계도 소형으로 바꿨다"고 말해 주셨답니다.

아들은 너무 놀라고 기뻐서 한동안 말을 잇지 못하고 한참 뒤에 감사인사를 드렸다고 했습니다. 아들은 면회가 끝나고 밖으로 나와 차 안에서 한참동안 기쁨의 눈물을 흘렸다고 합니다. 그리고 감사기도를 드리고 오느라고 집에 도착시간이 늦었다고 했습니다. 아들은 울면서 나에게 반가운 소식을 전했습니다. 옆에서 공부하던 손녀도, 손자도 기뻐서 엉엉 울더군요.

하나님의 기적! 기적이 일어난 것입니다. 나는 아들의 말을 들으면서 아멘! 과 할렐루야! 를 번갈아 외치며 어찌 할 줄을 몰랐습니다. 내일 면회 차례가 내 차례인데 벌써부터 왜 시간이 이렇게 늦게 가는지 답답하기만 합니다.

아들의 이야기가 다 끝나자 나는 조용히 서재로 들어가서 하나님께 감사기도를 드렸습니다. 그리고는 엊그제 병실을 찾아 기도해 주신 담임목사님께 메시지로 자초지종을 전했습니다. 목사님은 금방 "할렐루야!! 감사합니다!"를 몇 차례 보내주셨습니다.

여보! 왜 이런 이야기가 있지요. 결혼식 손님은 부모님 손님이고, 장례식 손님은 자녀들 손님이라고요. 그런데 장례식 손님의 대부분은 실상 고인보다 고인의 가족들과 관계가 있는 분들입니다. 이렇게 보면 마지막까지 내 곁에 남는 사람은 가족들이요,

그 중에도 아내요 남편입니다.

어제는 앨범을 꺼내다가 우리가 젊을 때 찍은 사진을 보니 대부분 당신이 내 곁에 다가서서 기대어 있더군요. 그런데 늙어서 찍은 사진은 내가 당신 쪽으로 몸을 기울여 있었어요. 젊었을 때는 아내

가 남편에게 기대어 살고, 나이 들어서는 남편이 아내의 도움을 받으며 살아간다는 말이 맞는 것 같습니다.

우리는 서로 여보, 당신하고 부르지요. 왜 그런지 아세요? 여보(如寶)는 '보배와 같다'는 말이고, 당신(堂身)은 '내 몸과 같다'는 말이랍니다. 그럼 마누라는 무슨 뜻인지 아세요? "마주 보고 누워라"의 준말이랍니다.

부부는 서로에게 가장 귀한 보배요. 끝까지 함께 하는 사람입니다. 세월이 가면 어릴적 친구도, 이웃도, 다 곁을 떠나갑니다. 심지어는 자식도 떠나갑니다. 그래도 마지막까지 내 곁을 지켜줄 사람은 남편이요, 아내입니다. 내일 기쁜 마음으로 만납시다.

부부

한 강좌 시간에 교수가 한 여성에게 "앞에 나와서 칠판에 아주 절친한 사람 20명의 이름을 적으세요."라고 했다. 여성은 시키는대로 가족, 이웃, 친구, 친척 등 20명의 이름을 적었다.

그러자 교수는 "이젠 덜 친한 사람부터 이름을 지워보세요."라고 말했다. 여성은 이웃의 이름을 지웠다. 교수는 다시 한 사람을 지우라고 했다. 여성은 회사 동료의 이름을 지웠다.

드디어 칠판에는 네 사람, 부모와 남편 그리고 아이만 남게 되었다. 교실은 조용해졌고, 다른 여성들도 말없이 교수를 바라보았다. 교수는 여성에게 다시 하나를 지우라고 했다.

여성은 망설이다가 부모 이름을 지웠다. 교수는 또 하나를 지우라고 했다. 여성은 각오한 듯이 아이 이름을 지웠다. 그리고는 펑펑 울기 시작했다. 얼마 후 여성이 안정을 되찾자 교수가 물었다. "남편을 가장 버리기 어려운 이유가 무엇입니까?"

모두가 숨죽이고 여성의 대답을 기다렸다. 여성이 대답했다. "시간이 흐르면 부모는 나를 떠날 것이고, 아이 역시 언젠가는 나를 떠날 것입니다. 하지만 일생을 나와 같이 지낼 사람은 남편뿐입니다."

교수가 말했다. "그렇습니다. 이제 남은 시간들은 부부가 함께 가는 길이기에 서로 의지하고 기대며 가는 그길, 지금 내 옆에 있는 이를 사랑하고 아끼시기 바랍니다."

이 에피소드를 여기 적는 것은 칠판에 남아 있는 한 사람, 아내를 칠판에서 지워야할 시간이 다가왔기 때문이다.

오늘은 내가 중환자실에 누워 있는 아내를 면회하러 가는 날이다. 나는 사무실에 나가 업무를 서둘러 처리하고 시간에 맞춰 병원으로 갔다. 어제는 아들이 면회하러 갔다가 의사선생님으로부터 아내가 아침 6시부터 자기 힘으로 심장이 박동하고 있다는 기쁜 소식을 듣고 전해줬다. 그래서 오늘은 더 기쁜 소식을 기대하고 달려갔다.

하지만, 의사선생님은 슬픈 이야기를 했다. 아내를 중환자 병동에서 일반병동으로 옮겨야 하는데 그러려면 자가 심장 박동을 돕기 위해 목에 구멍을 뚫는 연명치료가 필요 하므로 그에 대한 동의를 아들이 해야 한다고 한다. 그렇지 않으면 연명치료를 더 이상 하지 않는 동의를 해야 한다고 한다.

아내가 식물인간 상태이므로 연명치료를 하든 안 하든 일반병실로 옮겨도 일정기간이 지나면 요양병원으로 옮겨야 한다고 설명한다. 그것도 연명치료를 거부할 수 있는 의향서가 등록돼 있어서 가능하다는 것이다. 내 면회 결과가 궁금했던지 면회가 끝나자마자 아들한테서 전화가 왔다. 자초지종을 전해줬다. 내일 가족회의를 열자고 했다.

사랑하는 마음

 남편이 아내를 사랑하기 위해서는 성경대로 하면 십자가 위에서 우리를 위해 희생되신 예수그리스도처럼 남편 역시 아내를 위해 희생하는 것입니다. 남편이야말로 가정에 부름 받은 그리스도의 대리자이기 때문입니다.
 그러나 이것은 쉽지 않은 일입니다. 성경을 읽어보면 사탄이 남편의 마음속에서 그렇게 하지 못하도록 끊임없이 유혹하기 때문입니다. 그렇지만 이 말씀이 진리임을 믿고 그대로 순종할 때 성령께서는 남편의 순종을 기뻐하시면서 진정으로 아내를 사랑 할 수 있는 마음을 선물로 준답니다. 이것이 성령의 열매인 '사랑하는 마음'입니다.
 이 사랑하는 마음을 지니면 아내를 위한 희생을 오히려 기쁨으로 감당할 수 있습니다. 그래서 남편은 먼저 육체적으로 아내를 위해 희생하게 됩니다. 가정의 경제적 필요를 위하여 땀 흘려 일하고 정서적인 면에서도 약한 아내를 항상 위로하고 격려하면서 돕습니다. 요즘 필자처럼 아내가 병고로 고생한다면 아내의 수족이 되어 간병을 도맡아 하기도 합니다.

물론 가장 중요한 아내의 영적인 충만을 위하여 남편은 전심으로 기도 합니다. 아내의 쾌차를 위해서도 전심을 다하여 기도합니다. 가끔 과거처럼 부부싸움이 생겨도, 또 그것이 아내의 잘못 때문이었다 하더라도 남편은 '내 탓'으로 떠안으면서 아내에게 먼저 사과합니다. 이것이 바로 십자가를 지는 방법이며, 이 땅에서 천국을 이룬 '아름다운 가정'의 모습입니다.

그럼에도 불구하고 그럼 나는 어떠했는가를 반추해 봅니다. 부족해도 많이 부족했습니다. 아내와 이별이 가까워 올수록 나는 회개하고 또 회개합니다. 그런들 무슨 소용이 있습니까? 앞으로 아내의 빈자리를 어떻게 채울는지 모르겠습니다.

오늘 아침이었습니다. 여느 때처럼 긴 연휴를 보내고 회사에 출근하는 날이었습니다.

나는 출근 준비를 끝내고 매일 아침에 하던 대로 안방으로 가서 문을 열고 아내에게 "다녀오겠습니다."라고 했습니다. 그러면 아내는 침대에 누운 채로 "잘 다녀오세요." 라고 대답하는데 오늘은 대답이 없었습니다. 나는 얼른 침대 위를 바라봤습니다. 아내가 안 보였습니다. 그때서야 아내가 병원에 있다는 것을 깨달았다.

오늘 오후에 회사에서 일찍 들어왔더니 아들이 병원에 갔다가 앞으로의 진행사항을 논의하고 돌아와 대기하고 있다가 제게 경과를 보고했습니다. 우선 연명치료를 위해 목에 구멍을 뚫는 '석션'인가 하는 것은 안 하기로 했다고 합니다. 환자가 얼마나 고생할 것인지를 고려했고 아내가 연명치료를 안 하겠다는 의향서를 작성해 제출한바 대로 처리한 것이라는 설명이었습니다. 잘 처리했다고 칭찬했습니다.

아들은 내 의견대로 아내를 다음 주 월요일에 호스피스병실로 옮겨드리고 입원기한이 끝나게 되면 요양병원으로 가지 않고 집으로 모시도록 결정했다고 했습니다. 하루라도 내 옆에서 지내도록 하고 싶어서 미리 그렇게 하도록 지시했었습니다.

요양보호사는 하루 12시간 보호하게 하고 나머지 시간은 주로 내가 간호할 생각입니다. 정 힘이 들면 가족의 도움을 받아야지요. 그러는 동안 하나님의 기적이 일어나기를 기도할 것입니다. 여러분의 중보기도를 부탁드립니다.

당신은 내 평생의 동반자요

오늘이 중환자실에 있는 아내를 만나보는 마지막 날이다. 내일부터는 일반병실로 옮겨가기 때문에 면회가 자유롭다. 하지만, 그 대신 가족 중 한 사람이 하루 24시간을 옆에서 지켜봐야 한다. 첫날은 아들이 간병을 맡고 다음 날은 딸이 하고 나는 그 다음이 될 것 같다.

현재로서는 의식이 없기 때문에 언제 의식이 돌아올지 가늠이 안 된다. 의사선생님 이야기로는 언젠가 의식이 돌아오겠지만, 이대로 있다가 이별을 고할지도 모른다고 한다. 하나님께서 기적이라는 은총을 베풀어주시기만을 기도하고 있다.

오늘도 20분간의 면회시간 내내 나는 아내에게 어제부터 집에서 있었던 이야기와 오늘 주일예배를 드리러 갔다가 만난 교우들 이야기, 내일부터 일반병실로 옮기는 이야기 등을 전해주었다. 간호사 선생님은 환자가 의식이 없어도 전해주는 이야기는 모두 듣는다면서 시간을 더 드릴테니 하시고 싶은 말이 있으면 더해주시라고 한다. 나는 고맙다면서 다음과 같은 이야기들을 해줬다.

"여보! 중년 남성들이 술자리에서 하는 우스갯소리 가운데 이런 게 있답니다. 나이 들면서 남편에게 필요한 5가지가 있는데 첫째는 마누라, 둘째는 아내, 셋째는 애들 엄마, 넷째는 집사람, 다섯째가 와이프랍니다. 남자에게 있어서 배우자의 존재가 얼마나 중요한지를 풍자한 이야기입니다.

그런데 전 같으면 당신은 "그거 다 똑같은 말 아니에요?"라고 할 텐데 오늘은 왜 아무 말도 안하는 거예요. 다 듣고 있다고요? 알겠어요. 사람들이 말하더군요. 부부간에도 같이 있을 때는 잘 모르다가 한쪽이 없게 되면 그 소중하고 귀함을 절실히 느낀다고요. 요즘 당신이 집에 없으니까 이 말이 더 실감나요.

이런 말도 있어요. 멀고, 멀면서도 가까운 사이가 부부이며, 곁에 있어도 그리운 게 부부라고요. 둘이면서 하나이고, 반쪽이면 미완성인 것이 부부이며, 혼자이면 외로워 병이 나는 게 부부래요. 그래서 상대를 이해하고, 배려하고, 존중하고, 양보하며 화기애애하게 부부생활을 해야 한답니다.

오래 전 동창회에 갔다가 아내란 청년에겐 연인이고, 중년에겐 친구이며, 노년에겐 간호사라고 하는 이야기를 들은 적이 있어요. 이것도 맞는 말 같아요. 사실 배우자를 포함하여 가족보다 더 소중한 것은 없는 것 같아요. 늘 가까이서 함께 생활하다보니 흔히 소중함을 잊고 지내지만, 어느 순간 부부 중 한 사람이 없는 삶을 상상하면 앞이 캄캄하답니다.

서로 바라보고 지켜주며 마음의 의지가 되는 사람이 없다면, 세상 속에 홀로인 것처럼 외롭고 공허할 뿐만 아니라 살아야 할 의미가 사라져 버리는 것이지요. 가족이 없다면 많은 재물을 모으고, 부귀영화를 누린들 무슨 의미가 있으며, 즐거움이 있겠어요?

비록 무심하고 무뚝뚝한 남편이나 바가지와 잔소리꾼의 아내라 할지라도 서로에게 보이지 않는 거목의 그늘이자 마음의 버팀목이지요. 그래서 부부는 세상 속에서 꿋꿋하고 당당하게 살아갈 수 있게 하는 힘의 원천이 되고 있답니다.

그런데 나는 모든 면에서 부족하기만 했던 것 같아요. 아니 같은 게 아니라 부족했어요. 당신에게 미안하기만 합니다. 용서해 주세요. 그래도 언젠가 당신이 내게 다시 태어나도 나와 결혼하겠다고 했지요? 그 땐 정말 잘 하도록 할게요.

운명의 시간

아내는 9월 11일 오후 3시쯤부터 응급실에서 제반 치료를 했으나 생명이 위급하다고 판단되어 서둘러 중환자실로 옮겨졌다. 그게 저녁 9시쯤이었다. 숨은 쉬지만 자가 심장박동의 능력이 부족해서 기계에 의해 생명을 유지하는 편이라고 했다. 눈은 뜨지도 못하고 손가락 하나 움직이지도 않는다. 말하자면 식물인간 상태였다. 속이 타고 눈물만 나온다.

이틀 후부터 주말이 시작되고 추석연휴가 이어졌다. 의사선생님은 연휴 동안 하루에 잠시 들를 뿐 어떤 치료를 하거나 가족을 별도로 만나주지도 않는다. 가족 면회시간이 매일 오후 1시부터 20분간인데 그 시간에 의사선생님이 다녀갈 경우 몇 마디 환자에 대해 문의를 할 수 있으면 요행 중 요행이었다. 그 대신 간호사님들은 결정권은 없어도 의사선생님으로부터 전해들은 환자에 대한 정보를 가족들에게 친절하게도 소상히 알려주곤 했다.

연휴가 끝나고 사람들은 일상의 시간으로 돌아갔다. 의사선생님이 아들에게 연락을 했다. 가슴이 철렁했다. 그날 의사선생님은 환자가 자가 호흡을 잘 하는 것 같다며 며칠 더 기다려 보자고 했다고 한다. 아들은 환자의 상태가 호전되고 있다고 판단하여 기쁨의 눈물을 한 없이 흘렸다고 했다.

집으로 오기 전에 이런 사실을 누나와 외삼촌 등에게 알리고 기뻐서 잠시 차속에서 엉엉 울다가 늦었다면서 집으로 돌아왔다. 나는 병원에 간 아들이 돌아올 시간이 됐는데도 오지 않아 안절부절 못하고 있었다. 아들의 환한 얼굴과 거침없는 보고에 나도 기쁨의 눈물을 흘리며 그날 밤은 늦게 잠에 들었다. 다음날엔 내가 면회를 갔다. 오늘은 얼마나 더 호전됐을까 하는 궁금한 마음에 병원에 일찍 도착했다.

이게 웬 청천벽력인가. 그날 만난 의사선생님은 전날과 정반대의 이야기를 했다. 아내의 상태가 좋은 것 같았던 것은 일시적인 현상일 뿐이었고 상태는 점점 더 나빠지고 있다는 것이다. 그래서 이번 주말까지 상태를 지켜보고 다음 주 월요일엔 호스피스 병동으로 옮겨야 할 것 같다고 했다. 나는 집으로 돌아가기 전에 우선 아들에게 전화를 걸어 들은 이야기를 전했다. 일요일 면회를 간 아들은 의사선생님으로부터 월요일에 호스피스 병동으로 옮겨야 한다는 이야기를 들었다. 규정상 더 이상 중환자실에 있을 수 없다는 것이다.

운명의 9월 23일 아침, 우리 가족은 병원으로 가서 아내를 호스피스 병동으로 옮기는데 동의했다. 아내와 나는 일찍이 연명의료중지 의향서를 작성해 등록한바가 있어 호스피스 병동으로 옮겨 인공호흡기를 제거할 수 있었다. 의사선생님과 서너 명의 간호사님들이 인공호흡기를 제거하는 작업을 진행했다.

사람에 따라 자가 호흡을 당장 멈추는 경우도 있지만 어떤 사람은 열흘 이상 버티는 경우도 있다고 한다. 아내는 겨우 30분을 버텼다. 그동안 가족들은 모두 밖으로 나가고 배우자인 나만 방에 남아 아내와 마지막 대화를 나눴다. 간호사님이 말한다. 환자가 숨을 거둘 때까지 다른 기관은 멈춰 있지만 청각은 살아 있어 이야기를 모두 듣는다고 했다.

나는 그동안 힘들게 잘 버텨왔다고 말하고 남아 있는 가족들은 염려말고 먼저 하나님 곁으로 가 있으면 나도 곧 당신 곁으로 갈 것이라고 했다. 그러면서 당신만을 사랑해왔고 앞으로도 변함이 없을 것이라고 했다. 아까 다른 식구들이 이야기 할 때는 미동도 않던 아내가 혀를 움직인다. 내 이야기에 대답을 하는 것 같았다. 그러나 거기서 끝이었다.

우리 가족들은 잠시 통곡의 시간을 가졌다. 그리고 장례 준비에 들어갔다. 아들은 강남성모병원의 장례식장을 쓰기로 했다고 보고한다. 미처 제단이 차려지기도 전에 문상객들이 찾아오기 시작했다. 조화가 계속해서 배달되고, 조기도 도착했다. 첫날은 조문객을 맞는데 힘이 들지 않았으나 이튿 날은 새벽부터 조문객들이 몰려와 접대에 힘이 겨웠다. 조문객들은 고인에 대한 선한 이야기들을 나누느라 시간가는 줄 모르는 것 같았다.

3일장으로 의식은 진행됐다. 아내와 내가 섬기는 강남교회 에덴 찬양대의 찬양이 이어지는 가운데 입관예배와 발인예배, 천국으로의 환송예배가 이어졌다. 입관예배를 하는 동안 내가 비틀거리자 옆에 서 있던 부목사님이 내 손을 꼭 잡아주더니 어디서 났는지 공진단 하나를 슬그머니 내 손에 쥐어준다.

병원에서 장지로 가는 길옆으로 코스트코가 보이고 하이마트 건물이 눈에 들어온다.

아내는 생전에 나와 이 두 곳에서 아이쇼핑하기를 좋아했다. 우리는 물건을 사려고 쇼핑카에 옮겨 실었다가도 값이 한도 초과라고 생각되면 서로 눈빛을 주고받으며 계산대에 도달하기 전 반품카에 미련없이 상품을 옮겨놓고 마주보고 웃곤 했다. 코로나가 번지기 전만 해도 시식코너마다 머물며 음식을 받아먹고는 '오늘은 이것으로 점심을 때우자'며 무슨 큰 결의라도 하듯 어깨를 으쓱거리며 의기투합하기도 했다.

이들 마트에는 아내가 발병하기 전까지만 해도 한 달에 한 번은 꼭 다녔으나 걷기가 불편해지면서 다니지 못했다. 아내는 가끔 다시 걷게 되면 이곳에 반드시 가보고 싶다고 했다. 그때마다 나는 그렇게 하자고 약속했다. 그러나 이젠 허사가 됐다. 나는 속으로 말했다. "여보, 천당에 가면 이곳보다 더 좋은 곳이 있을 테니 걱정하지 말아요."

화장을 마친 유해는 장지인 용인 공원묘원을 향해 달렸다. 오후 3시쯤 묘원에 도착했다. 묘지는 전망이 훤히 트이고 양지바른 남향의 산 하단 쪽에 위치해 있었다. 아내의 육신은 한 줌의 재가 되어 막내 손자에 의해 운구 됐다. 간단한 기도로 시작해 유해를 흙 속에 묻고 성토 작업을 한 뒤 마무리 기도로 아내는 영원한 안식에 들어갔다. 서쪽으로 노을지던 노을도 가던 길을 잠시 멈추고 아내의 천당 입성을 축복하는지 더욱 붉게 비췄다.

아내가 마지막 하고 싶었던 말은 무엇이었을까?

지난 주말 아들과 단 둘이서 아내를 만나러 묘원에 다녀왔다. 가는 길에 아들이 물어왔다. "어머니를 마지막으로 보내실 때 무슨 말씀을 나누셨어요?" "그건 비밀인데…" "그럼 말씀하지 않으셔도 돼요" "사랑한다고 했지. 그리고 천국에서 다시 만나 행복하게 살자고 했다" "그러셨군요. 잘 하셨네요."

그날 의사선생님이 인공호흡기를 떼어낸 뒤 병실에는 나와 마지막 숨을 힘겹게 몰아쉬는 아내만 남겨졌다. 간호사선생님은 가족들을 모두 데리고 병실 밖으로 나가면서 내게 '아내에게 하고 싶은 말이 있으면 무엇이든 모두 하시라'고 했다. 아내는 내 말을 다 듣고 저 세상으로 간다고 했다.

나는 아내를 처음 만났을 때부터 지금까지 사랑했고, 앞으로도 계속 사랑하겠다고 말했다. 남은 자식들은 잘 돌볼 테니 걱정 말고 편안히 하나님 곁으로 가시라고 했다.

그리고 나도 주님의 부름을 받으면 아내 곁으로 달려가겠노라고 약속한다고 했다. 그런데 이상했다. 아내는 아이들이 작별 인사를 할 때는 미동도 않더니 내가 말할 때는 혀를 움직이는 게 무슨 말을 하려는 것 같았다.

나는 계속해서 지금까지 아내가 가족에게 베푼 헌신에 고맙다고 말했다. 절대 잊지 않는다고도 했다. 주님 곁으로 가면 이제 더는 아프지 말고 건강하게 지내라고 했다.

그러면 내가 천국에 가서 당신을 다시 만나 여기서보다 더 행복하게 살자고 했다. 아내의 혀 놀림은 약속한다고 말하는 것 같았다. 나는 아내의 두 손을 꼭 잡고 말했다.

한 순간 아내의 손에서 힘이 빠지는 느낌을 받았다. 그 뒤로는 설움이 복받쳐 어떻게 했는지 기억이 잘 나지 않는다.

사람이 누리는 오복(五福) 중의 하나가 고종명(考終命)이다. 제 명대로 살다 편히 죽는 것이다. 의술의 발달로 장수하기는 쉬운데 편히 죽는 것은 어렵다. 대부분 의료장비를 주렁주렁 달고 차가운 침상에서 임종을 맞는다고 한다. 그래서 요즘은 고통스럽고 무의미하게 사느니 평온한 죽음을 택하는 사람들이 부쩍 늘고 있는 모양이다.

지난해 봄이었다. 나는 아내의 눈치를 조심스럽게 살피면서 "우리도 연명치료 중단의향서 등록을 해두는 게 어떻겠느냐"고 물어봤다. 아내가 불치병 환자이니 잘못 말했다가는 아내의 마음만 상하게 할지도 모른다는 생각 때문이었다. 아내의 반응은 의외였다. 아내는 조금도 기다리지 않고 "그렇게 하자"고 했다. 그러면서 어디서 등록을 받는지 지금 곧 알아보라고 했다.

  나는 관할 보건소에서 받는다는 이야기를 얼핏 들었다면서 우리 동네 관할 보건소에 전화를 걸어 물어봤다. 보건소 직원은 보건소에선 취급하지 않으니 노인복지센터에 문의해 보란다. 어렵사리 전화번호를 알아내 문의했더니 직접 찾아와서 서류를 작성 해야한다고 했다. 아내가 휠체어를 타야하는데 혹시 출장서비스는 안 해주느냐고 하니 서울 강북에 업무 대리를 해주는 곳에서는 출장 등록도 해준다고 알려줬다.

  나는 내친김에 그곳으로 전화를 걸었더니 출장 서비스를 받을 일시를 조정해주었다.

  연명치료 중단 의향서를 작성하는 날이 되었다. 나는 아내가 혹시 마음이 변한 것은 아닌지 몰라서 역시 조심스럽게 물어봤다. 아내의 소신은 변함이 없었다. "그거 목에 구멍 뚫고 며칠 더 살아봐야 무슨 소용이 있겠어요. 괜히 환자 고생만하고 가족들 힘들게 하지요. 자연스럽게 죽는 게 훨씬 좋지요." 그러면서 내 생각은 어떠냐고 묻는다. "나도 당신 생각과 같다"고 했다.

  "하지만 연명치료 거부를 비판하는 사람들도 있어요. 삶이란 주어진 대로 끝까지 살아내야 하는 게 의무라는 것이지요." 내 말에 아내가 대답한다. "아프거나 무의식 상태에서 인생을 향유할 수는 없는 것 아니겠어요? 그러니 존엄한 죽음을 허용해야 하는 것이겠지요." "그런가 봐요. 지난 2018년도에 연명의료 결정법이 시행된 뒤로 연명치료 중단 의향서 등록자 수가 244만 명을 넘어섰다는군요."

아내가 이어서 말한다. "엊그제 방송에서 봤어요. 노인이 노인을 간병하다가 비극적 최후를 맞이한 사고가 서울 강동 지역에서 또 발생했대요. 내년이면 우리나라도 초고령사회에 진입한다는데 불행으로 이어지는 일이 부쩍 늘어날지도 모른답니다. 그게 큰 걱정이지요. 왜 '긴 병에 효자 없다'는 말도 있잖아요. 긴 간병은 가족들에게 정신적 고통보다 힘든 게 경제적 압박이랍니다."

나와 아내는 이후에도 죽음에 대해 많은 대화를 했다. 아내는 죽음은 무섭지 않은데 무서운 것은 지금처럼 오래 자리에 누워 당신을 비롯해 가족들을 힘들게 하는 것이라고 입버릇처럼 말하곤 했다. 그러면서 죽는다는 것은 본향으로 가는 것인데 오히려 기쁜 일이라고도 했다. 그럴 때마다 나는 곧 치료제가 나올테니 그런 소리 말고 기다려보자고 했다.

나는 의사선생님이 아내가 이미 '임종 과정'에 들어갔다는 통보를 하는 순간까지도 어떻게 더 좀 치료해 볼 수는 없는가 하는 어리석은 생각을 했다. 인공호흡기를 계속 착용해두자고 할 걸 그랬나? 누가 아는가. 혹시라도 아내가 "여보, 나 아무렇지도 않아"하고 벌떡 일어날지도 모르는 것 아닌가. 괜히 내가 연명치료 중단의 향서를 작성하자고 한 건 아닌가? 나는 식어가는 아내의 얼굴에 내 얼굴을 비비며 한참을 울었다.

제4부
할미꽃 당신

인간에게 시련의 의미란?

　어제는 주일 2부 예배를 드린 뒤 아들 딸네 식구들만 데리고 아내가 잠들어 있는 용인공원묘원에 다녀왔다. 딸네는 분당에 살고 있으니 직접 묘원으로 오라고 하고 나는 아들네 차를 타고 갔다. 젊어서는 서울에서 용인공원묘원이 그리 멀리 느껴지지 않았는데 내가 나이가 들어서인지, 아니면 아내를 빨리 만나보고 싶어서인지 가는데 45분밖에 안 걸렸다고 하는데 반나절은 걸린 것 같았다.
　묘원 사무실을 지나 차로 5분쯤 가서 주차장에서 내려 걸어서 2분도 채 안 걸려 묘소에 도착했다. 손자, 손녀가 서울서부터 가져온 조화를 돌 화병에 꽂자 내가 아내에게 아이들과 함께 찾아왔다고 고하고 아내가 생존했을 때처럼 가족예배를 드렸다. 그리고 장례식 날은 경황이 없어서 못 봤던 묘소 주변을 둘러봤다. 그런데 그 때 나도 모르게 큰 소리로 말했다. "애들아, 여기 좀 봐라. 할머니 산소가 명당 중에 명당 같다. 기독교인이 이런 말을 해선 안 되겠다만, 할아버지가 겪어본 경험에 의하면 할머니 산소 뒤로 산이 꼭 닭이 알을 품은 형상인데다가 앞이 확 트이고 그 앞으로 개울물이 흐르고 있구나. 이건 정녕 '배산임수(背山臨水)' 그대로다. 아아, 이럴 수가! 아들이 명당을 고른 것 같다."

　아들은 내 칭찬에 기분이 좋았던지 "아버지한테 오랜만에 칭찬을 듣는다."면서도 "외삼촌과 같이 정한 것"이라며 공로를 외삼촌에게 돌린다. 사실 나는 아내가 중환자실에 있을 때 의사선생님으로부터 '더 계셔도 가망이 없을 것 같다'는 말을 듣고 갑자기 큰일을 당해 우왕좌왕하지 않게 하기 위해 아들에게 미리 묘소를 돌아보고 오도록 했었다.

　산에서 내려오다 보니 여기 저기 산자락에는 벌써 가랑잎들이 갈바람에 흩날리고 있었다. 나도 모르게 마음이 허전해지고 발걸음이 놓이질 않는다. 나는 아이들에게 '생거진천, 사거용인'이라는 말의 의미와 저 아래 박목월 시인의 수목장이 있는 부근에 진외할머니의 수목장도 있다는 것을 알려주었다. 그래서 할아버지와 할머니는 이곳 묘원에 자주 다녀갔다고 말해주었다.

　오늘은 9월의 마지막 일이다. 사무실에 나오니 가정사를 잊을 정도로 일이 산더미처럼 쌓여 있다. 연속되는 회의에 오찬 모임에 아내와 관련된 자잘한 일처리까지 진행하다보니 오후 5시 퇴근시간도 잊었다. 사무총장의 채근에 부랴부랴 중절모를 쓰고 건물 밖으로 나왔다. 광화문 거리는 시위꾼들이 지나가서 그런지 더 쓸쓸한 것 같다.

　한 주 전만 해도 빨리 귀가해서 아내를 돌봐야 하기에 시청지하철역까지 빠른 걸음으로 달려갔으나 이젠 그럴 필요가 없게 됐다. 그래서 시청에서 광화문 네거리까지 괜히 실성한 사람처럼 터벅터벅 걸어갔다가 되돌아오길 세 번째다. 노량진 지하철역에서 내려 마을버스정류장으로 오다가 저절로 발걸음이 멈춰진다. 맥도날드 가게가 눈에 들어와서다. 아내의 흔적이 거기에 배어 있다.

　꽤 오래전부터였다. 아내는 나와 시내에 나갔다가 집에 들어올 때면 반드시 이 가게에 들어가서 아이스크림을 한 개씩 먹고 집으로 갔다. 추운 겨울이라고 그냥 지나치는 일이 없었다. 아내는 아이스크림을 들면서 세상사부터 가정과 이웃 교회 이야기까지 하나도 빼놓지 않고 전해준다. 그리곤 나의 의견을 듣고 싶어 했다.

　나는 대충 듣는 둥 마는 둥 하고 아이스크림 먹기에만 열중했다. 그러면서 속으로 '달변가도 아니고 그렇다고 수다스러운 여자도 아닌데 왜 그럴까' 하는 생각만 했다.

　지금 생각해 보니 본인의 남은 시간이 아까워서 그랬나보다. 그때 좀 더 다정스럽게 대화의 상대가 되어주지 못한 게 후회스럽다.

　아내가 발병하고부터는 내가 그 집에 들러 10개씩 사다가 냉동실에 넣어두고 먹고 싶을 때 먹게 했다. 내가 같이 있을 때는 나도 같이 드시라고 성화였다. 아내는 이별하기 보름 전부터 아이스크림을 들지 않았다. 지금도 한 5개 정도가 냉동실에 들어있다. 아마 내가 먹어치우려 해도 목이 메어 먹지 못할 것 같다.

지난 추석을 보름 정도 남겨놓았을 때였다. 아내는 손자가 사과를 좋아한다면서 마트에 가서 좋은 걸로 두 상자만 사다 놓으라고 해서 그대로 했다. 그런데 추석이 가까워오면서 두 상자가 선물로 들어왔다. 배도 감도 포도도 한과도 사다놓으라고 해서 그대로 했다. 본인은 한개도 들지 못하고 떠났다. 거실 한 구석에 쌓여 있는 걸 보면 눈시울이 붉어진다.

동반자를 먼저 보낸다는 게 이렇게 큰 시련이 될 줄은 상상도 못했다. 나는 이성보다는 감성이, 감성보다는 영성이 깊은 편인 것 같다. 그래서 내 자신 생각해봐도 마음이 여린 편이다. 일찍이 생전에 어머니께서 내게 하신 말씀이 있다. "자네는 성정이 너무 여려서 남한테 속기 쉬울 것 같으니 무슨 중요한 결정을 할 때는 '예수님이라면 이럴 경우 어떻게 하실까' 라고 자문하고 행동하라"고 하셨다.

빅터 프랭클의 '죽음의 수용소에서'를 읽어보면 인간에게 시련의 의미가 무엇인지를 어느 정도 가늠할 수 있다. 이 책을 읽어보면 누구나 '인간에게 시련은 왜 닥치는 것일까'라는 등의 질문이 나오게 된다. 아우슈비츠 수용소에서 살아남은 생존자 중 한 사람이 들려주는 당시 상황이 주제인 이 책은 수감자들의 내면심리 분석을 위주로 절망적인 상황에 처한 모습을 진솔하게 그리고 있다. 인간에게 있어서 시련이란 어려운 고비나 난관을 의미한다. '시련이 인간 삶에 의미가 있느냐'고 묻는다면 대답은 분분할 것이다. 하지만 분명한 사실은 누구에게나 정도의 차이는 있을 지언 정 시련이 찾아온다는 점이다. 아우슈비츠 수용소에서의 시련도 있지만, 사회생활을 하다가 보면 앞길이 막힌다든가 하는 시련도 있고, 나처럼 아내를 먼저 떠나보내고 그리워서 겪는 삶의 시련도 있을 수 있다.

나는 일제 치하에서 태어나 해방과 6.25전쟁, 4.19, 5.16을 거치며 살아왔다. 마음씨 착하고 생활력 강한 아내를 만나 분에 넘치게 고생 모르고 살아왔다. 내가 정론직필을 외치며 실천했고, 후학들을 가르치고 나라를 걱정하고 했던 이 모두가 아내의 헌신적인 내조 덕분에 가능했다. 그래서 그 빈자리가 더 넓고 허전하다.

그간에도 이보다 작은 시련들이 없었던 게 아니다. 그러나 그 때마다 내가 이겨낼 수 있었던 것은 아내가 용기를 북돋워 주었기 때문이다. 시련, 고난, 역경 이런 것들을 통해 우리는 내면의 자아와 소통하는 계기를 마련할 수 있다고 한다. 그리고 이런 내적 사고를 수행함으로써 한 층 더 성숙해 질 수 있다고도 한다. 옳은 말이다. 그러나 동반자를 잃는 시련을 이겨낸다는 것은 여간 어려운 일이 아닌 것 같다.

혹자는 말한다. 시련을 이겨내려는 노력을 하다보면 마침내 그

난관을 넘어선다면 새로운 자신의 성숙된 모습을 만나게 될 것이라고 한다. 우리들이 얻어야하는 지혜는 인간에게 시련은 있게 마련이고, 그 시련을 극복할 때 인생은 성공하는 것이라고도 말한다. 모두 맞는 말이다. 다만, 그것을 알기까지의 기간이 문제다.

내게 가장 소중한 사람

우리는 가끔 내게 가장 소중한 사람이 지금 내 곁을 지켜주는 사람이라는 것을 잊을 때가 있습니다. 등잔 밑이 어두운 것이지요. 공기나 물이 항상 내 곁에 있어서 그 소중함을 모르고 지내는 것과 같은 이치라고 봅니다. 너무 가까이 존재하기에 그 소중함을 모르고 지나쳐 버리는 것입니다.

이번에 당신을 하늘나라로 보내고 생각해 보니 이 말이 더 가슴에 와 닿는 것 같았습니다. 생면부지의 남녀가 만나 잠시 연애 하다가 약혼하고 결혼해서 올해로 만 55년을 동고동락하다가 3년 좀 넘게 병수발을 한 사이이니 내게는 가장 소중한 사람임에 틀림없지요.

80넘게 인생을 살아보니 세상에는 친구사이에 한 순간 짧게 만났어도 잊지 못하는 사람이 있는 가하면, 자주 만나고 있어도 무관심하거나 잊고 지내는 사람이 있었습니다. 가끔 느끼는 것이지만, 내가 필요할 때는 곁에 없고 그렇지 않을 때만 찾아오는 사람도 있었습니다.

 아무튼 그런저런 사람 중에는 내가 좋은 날에 함께했던 사람도 있고, 내가 힘들 때 나를 버리고 떠난 사람도 있게 마련이더군요. 개중에는 이름만 들어도 못내 아쉬워 눈물짓게 하는 사람도 있고, 그 이름을 생각만 해도 피하고 싶은 사람도 있습니다.

 어제 오후였습니다. 미국 뉴욕의 퀸즈에 사는 내 친구 전재길 목사님한테서 안부 메시지가 왔더군요. 당신 안부도 물어봤어요. 잘 모르겠다고요? 왜, 있잖아요. 당신이 어느 날 출근하려는 날 보고 당시 50만원이면 큰돈인데 전 목사님이 논산에서 교회를 개척하고 있으니 어려우실 테니 헌금한다며 거금을 선뜻 내놓으면서 부쳐드리라고 해서 내가 출근해서 중앙우체국에 가서 송금했던 기억이 나지 않아요?

 그 후 전 목사님이 상경해서 하는 말이 그 돈으로 성도 중에 급성 맹장염으로 수술 받아야 하는데 충남대 병원으로 갔으나 돈을 내지 못해 수술을 못하고 발만 동동거리고 있었는데 우체부 아저씨가 자전거를 타고 교회로 와서는 '등기 왔으니 도장 가지고 나오라'고 해서 편지를 받아 뜯어보니 거액이 들어 있었다고 했지요. 바로 당신이 보낸 헌금이었지요.

 전 목사님은 그 돈으로 성도의 맹장 수술을 할 수 있었고, 그래도 남아서 장대상 등 교회 기물을 구입할 수 있었다면서 얼마나 고마워했어요. 그날 당신은 약국에서 또 헌금을 했고, 날 보고 모시고 약국 뒤 중국집에 가서 저녁식사를 대접하라고 했지요.

  목사님은 이 이야기를 가는 곳마다 '하나님의 기적'이라는 제목으로 설교하셨다고 하셨지요. 정말 하나님의 기적이 맞아요.

  아무튼 당신이 엊그제 소천 했노라고 했더니 깜짝 놀라면서 자초지종을 묻기에 대충 알려주었습니다. 그 뒤 장문의 기도문을 보내왔더군요. 그러면서 당신은 분명 하나님이 계신 곳에서 편안하게 영생할 것이라고 말하고 내 걱정도 했어요. 그래서 아들네를 들어와서 같이 살자고 해서 함께 생활한다고 했더니 참 잘했다고 하더군요.

  이야기 끝에 내가 말했지요. 사람들은 동반자든 친구든 너무 가까이 살다보니 그 사람의 소중함을 모른다고 했더니 적극 동의한다고 했어요. 내가 그랬어요. 사람의 관계란 우연일수도 있고, 필연일수도 있는데 우연이든 필연이든 내 주변의 사람들이 모두 소중한 사람이라고 생각하면 삶이 즐겁고 행복하다고 했습니다. 어때요. 내가 말 잘 했지요?

  당신은 나와 필연적인 관계였습니다. 누군가 이런 말을 했어요. "좋은 사람으로 만나서 착한 사람으로 헤어진다면 영원히 그리운 사람이 되고 그게 좋은 인연이다"라고요. 눈을 뜨건, 감건 보고 싶은 얼굴, 듣고 싶은 목소리로 다가오는 당신입니다. 당신은 언제나 나를 아버지처럼 든든하게 지켜주었고, 어머니처럼 따뜻하게 감싸주었습니다. 고마워요. 지금도 늘 내 가슴속에 있어주어서. 사랑해요.

할미꽃 당신

계절이 바뀔 때마다
많은 사람들이 내 곁을 지나갔습니다.
나는 누군가 찾아오기를 늘 기다리고 있었습니다.
그러던 어느 날, 당신이 내 앞에 나타났습니다.
우리는 함께 기뻐하고 때론 같이 슬퍼하기도 했습니다.
누구랄 것도 없이 서로에게서 한없는 위안을 받기도 했습니다.
나는 당신에게서 다른 사람에게서는 발견할 수 없는
순수함을 느낄 수 있었습니다.
그것은 무엇과도 바꿀 수 없는 크나큰 기쁨이었습니다.
아니 바꿔서는 안 되는 영원한 사랑이었습니다.
어찌 보면 당신은 나의 꿈이었습니다.
밤에 꾸는 꿈 말고 낮에 꾸는 꿈 말입니다.
당신이 없었다면 나도 없었을 것입니다.
내가 존재하는 이유는 당신이 거기에 있었기 때문입니다.

나는 신에게 부탁하고 약속 했지요.

당신과 결혼하고 늘 내 곁에 있게 하겠다고 말입니다.

당신이 없으면 오늘의 달도, 내일의 태양도 뜨지 않을 겁니다.

당신은 나의 전부였기 때문입니다.

지금도 생생하게 기억합니다.

당신을 처음 만나던 날, 당신은 흰 가운 차림이었지요.

당신은 해맑은 웃음과 친절한 말씨로 대해주었습니다.

많은 사람을 만났지만 당신처럼 착한 사람은 처음 봤습니다.

우리는 전생에서 만나기로 약속된 사람이었습니다.

우리의 만남은 우연이 아니고 하늘이 맺어준 필연 이었습니다.

1969년 4월 8일 우리는 부부가 됐습니다.

신혼생활은 꿈만 같았습니다.

나는 언론인으로서 최선을 다했습니다.

당신은 노량진 역 앞에서 약국을 경영했습니다.

첫 번째 사랑의 열매는 딸이었습니다.

당신은 아이를 등에 업고 약국 일을 했습니다.

당신은 힘이 들어도 전혀 내색을 하지 않았습니다.

나는 가정이 안정적이니 멋진 기자생활을 할 수 있었습니다.

우리가 함께 살아오는 동안 당신은 언제나 등 뒤에서
한없이 기다리다가 따스한 눈길을 보내 주곤 했습니다.

두 번째 사랑의 열매는 아들이었습니다.

당신은 노모로부터 많은 사랑을 받았습니다.

아이들은 학교에 들어가고 탈 없이 자라주었지요.

아들이 5세 때 교통사고를 당해 하늘이 무너지는 줄 알았지요.

딸은 대학까지 나와 직장에서 사내결혼을 했고

아들은 미국 유학까지 다녀왔습니다.

두 녀석들이 부모 속 썩이지 않고 결혼해서

아들 딸 낳아 우리는 할아버지 할머니가 됐지요.

외손자는 벌써 졸업과 동시에 대그룹의 사원이 되고

친손녀는 대학 4학년이 돼서 언론사 입시 준비를 한답니다.

그 때였지요. 5 · 18 사태가 있었지요.

계엄군의 언론검열이 시작됐습니다.

나는 서울시청에 자리한 군 검열단에 매일 신문 대장을 들고 찾아가

검열 도장을 받아와야 했습니다.

검열관은 자신들의 마음에 안 들면 신문대장을

마구 잘라냈고 나는 그때마다 항의했습니다.

"당신들이 언론 자유를 아는가? 왜 정론직필 하는 기사를

잘라내는가?" "뭐 이런 게 있어? 당신 목이 잘리고 싶어?"

그 때 당신은 내 눈물을 소리 없이 닦아주었고 용기를 심어 주었

습니다.
군사정부가 오래 못갈 것이라며 공부하라고 권했습니다.
나는 연대 석사과정에 들어갔고
명지대 대학원에 들어가 5년 만에 석·박사가 됐습니다.
당신은 내가 실의에 빠졌을 때
날 위해 밤새 기도해 준 사람이었습니다.
그래서 한여름 쏟아지는 장맛비처럼
그리움이 된 사람이 당신이었습니다.
손 잡아준다고 넘어지지 않는 건 아니지만
손 내미는 당신이 고마웠습니다.
응원한다고 삶이 힘들지 않은 건 아니지만
'힘내라'는 당신의 그 말 한마디가 고마웠습니다.
우리는 늘 감사하면서 살아왔지요.
큰 딸 아이 결혼할 때 당신은 눈물을 보였습니다.
외손자를 얻었을 때도 당신은 눈물을 흘렸습니다.
둘 다 기쁨의 눈물 같았습니다.
그래도 아들이 유학 갈 때나 군에 입대할 때는
당신은 단호해 보였습니다.
큰 아이 시집갈 땐 흔쾌히 허락하더니
작은 아이 결혼할 때는 성에 안차는 것 같았습니다.

나는 내가 살아 있음에 늘 감사했고

당신이 내 곁에 함께 있음에 또 감사했지요.

따사롭고 화사한 봄날처럼

당신에겐 멋진 날들이 많았습니다.

서울신문 경찰기자 팀 부부가 강화도로, 서오릉으로 쏘다녔고,

일본 태국 말레이시아 대만 등으로 관광을 다니며 견문을 넓혔지요.

아들이 미국 유학 중일 때는 방학 때마다 미국 동부와 서부를 돌았고

캐나다와 하와이도 두 번씩이나 찾아 한 때 이민도 생각했었지요.

당신은 우리 집안에 막내며느리로 들어와 시부모에게 효도하고

집안을 융성케 해 동네에서 효부 며느리로 칭송 받기도 했지요.

당신은 아이들에게 현모였고 나에게는 양처였답니다.

교회에서는 신앙심이 깊은 권사님이었고 이웃에겐 착한 아주머니였습니다.

당신은 큰 아이가 어렸을 적에

울 밑에 심은 봉선화 꽃을 따다가 손톱에 물들여주곤 했지요.

손자가 자전거를 배울 때나 연을 날릴 때

지켜보면서 박수를 치며 응원을 했지요.

당신은 손자를 침대에 누이고 자신은 방바닥에 누워
자장가를 불러주곤 했지요.
당신은 손자들에게 자신을 '할미'라고 부르게 하고
젊어서는 장미꽃이었지만 지금은 '할미꽃'이라고 했습니다.
당신은 어려서 6·25를 겪었고 약대를 나와 약국을 30년이나 경영하다가
60세가 되던 해 약국을 넘기고 집에 들어앉아 손자들만 돌봤지요.
내가 64세에 대장암에 걸려 5년을 투병생활 할 때 지원자가 돼 주었고
이어서 당신이 유방암에 걸려 5년을 고생할 때 내가 지원자가 됐습니다.
우리 둘은 다 하나님의 은혜로 병마에서 벗어났고
교회를 통해 사회봉사 활동을 하고 있을 즈음이었습니다.
당신에게 파킨슨병이 찾아왔다는 진단이 나왔습니다.
우리 모두에게 청천병력같은 소리였으나 순종하면서 살자고 했습니다.
'할미꽃 당신'이 홀가분하게 고령사회의 청춘을 누려야할 때
하나님은 생로병사의 과정을 체험할 것을 명하셨던 것입니다.
와병 중인 당신을 보면 '희망'이 없다는 생각에

일이 손에 잡히지 않았습니다.
대한언론인회 회장 직을 사퇴하고
당신을 하루종일 간병할까하는 생각도 해봤습니다.
당신이 절대 사퇴하지 말고 앞으로 1년 정도 남았으니
그대로 소임을 다 하라고 간곡히 당부해서 그대로 있었지요.
당신은 걷지 못하면서 식사를 제대로 못하니
3년 만에 근육이 다 빠져나가 겨울철 앙상한 나뭇가지 같았습니다.
당신을 들어 휠체어에 옮길 때나 침대에 눕힐 때마다 속으로 울곤 했습니다.
나 역시 당신처럼 근육이 빠져 10kg이 줄었지요.
당신을 들어 옮기다가 허리를 다쳐 침으로 치료를 하지만
자주 당신을 들어야 하니 침을 맞아도 잘 낫지 않더군요.
당신이 얼마나 버틸는지 모르겠으나 최선을 다 하다보면
치료제가 개발돼 예전의 당신으로 돌아올 수도 있다고 믿어보자고 했지요.
얼마 전부터 당신의 말하는 게 어눌해지고
목소리가 나오지 않아 대화하기가 힘들었습니다.
오늘 오후에 요양보호사의 다급한 전화를 받고
택시를 불러 타고 중앙대학교병원 응급실로 달려갔습니다.

아들이 먼저 와 있더군요.

심정지가 오랜 시간 경과돼 심폐 소생시키고 있답니다.

맥이 탁 풀리고 서 있다가 넘어질 뻔 했습니다.

몇 시간이 지난 뒤 당신은 응급처치를 받고 중환자실로 옮겨졌습니다.

당신과 나는 올해 초 이럴 때 연명치료를 받지 않겠다는 서약서를 작성했지요.

당신이 3일내 다시 심 정지 현상이 나타나면 서약서대로 결심을 하라고 했답니다.

당신이 뇌사상태에서 더 이상 고통을 받지 않도록 보내드려야 한다는 것입니다.

그래도 일주일은 기다려 보자고 했습니다. 누가 압니까? 하나님의 기적이 일어날지요.

그래도 먼저 가시려거든 나도 같이 데려가 주시오.

그 먼 길을 어찌 혼자 가시렵니까. 나라도 동행해야 외롭지 않지요.

당신이 가버리고 나면 나는 외로워서 어떻게 지내나요.

텅 빈 안방에서 찬바람이 돌고 당신이 쓰던 물건들에서 당신 모습이 어른거릴 겁니다.

비라도 내리는 날이면 그리운 당신 얼굴 어른거리고

당신 생각에 눈물만 흐를 겁니다.

사랑할 수 없는 먼 거리, 마음이 울적해지면

시리도록 하얀 입김이 당신의 그림자 되어 사라질 겁니다.

그리워 그리워서 아무리 외쳐 봐도

내 텅빈 가슴에 남아 있는 당신을 볼 수 없을 겁니다.

편히 가세요. 천국에 가시거든 이승은 잊어버리세요.

당신은 이제부터 아프지 않고 행복하게 주님 곁에서 지내게 될 것입니다.

나도 얼마 있으면 당신 뒤를 따라 갈 것이니

그 때 우리 다시 만나 아름답고 행복하게 살아갑시다.

하늘나라에서도 당신에게 멋진 오늘이 있고

또 행복한 내일이 이어지기를 기도합니다.

할미꽃 당신!

당신을 영원히 사랑합니다.

망각이란 선물

"지난달에 내가 무슨 걱정을 했었지?" "작년 이맘 때 고민거리는 무엇이었지? 지금 생각해 보면 그 때의 기억이 도무지 나질 않는다. 우리 나이에 다행스럽게도 주어지는 '망각'이라는 선물 때문인 것 같다.

요즘은 특히 증세가 심해졌다. 부엌으로 물을 가지러 갔다가 내가 왜 부엌에 왔는지 한 참을 생각하는 일도 있다. 냉장고 문을 열고 과일을 꺼내러 갔다가 무얼 가지러 갔는지 생각이 안 나서 그냥 돌아오는 경우도 있다. 아내가 떠난 뒤로 이런 증세가 더 심해진 것 같다.

마침 몇 주 전에 보건소에서 치매 검증을 받으러 오라는 연락이 있었던 터라 어제는 출근 시간을 늦추고 먼저 보건소로 달려갔다. 약 5년 전부터 아내와 1년에 한 번씩 보건소에서 치매 검사를 받았기에 곧바로 담당자를 찾아갔다. 전 후 사정을 이야기하고 검사를 받았다. 결과는 지난해와 같았다.

담당자는 왜 나 혼자 오셨느냐고 묻는다. 아내가 열흘 전에 소천해서 혼자 왔다고 했다. 담당자는 깜짝 놀라면서 괜한 것을 여쭈었다며 여간 미안해하는 게 아니었다.

나는 괜찮다며 자꾸 하던 일을 잊는 게 무슨 문제라도 있는 것이 아니냐고 물었더니 아무 문제가 없다고 했다. 단순히 건망증에 불과하다는 것이다. 천만다행이라고 생각했다. 치매라는 판정이라도 나오면 어떻게 하나 하며 마음을 졸였기 때문이다.

담당직원은 마음에 걱정거리가 있다든가 고민하는 게 있을 경우엔 건망증이 심화되는 경우가 많다고 알려주었다. 아마도 사모님이 작고하신데 대해 큰 쇼크를 받았기 때문일 것이라고 했다. 하지만 시간이 지나면 과거의 고통거리는 점차 기억조차 하지 못할 정도로 사소한 일이 된다고 했다. 그래서 설령 오늘 내게 어떤 걱정거리가 생겼다 해도 전체 인생길에서 보면 별것이 아닐 수도 있다고도 했다.

물론 한 때의 문제가 해결되었다고 해서 지금도 그러한 고민으로부터 완전히 벗어난 것은 아닐 수도 있다고도 했다. 왜냐하면 매일매일 새날이 오면 나름대로 새로운 걱정거리가 또 찾아오게 마련이어서 그렇다는 것이다.

하지만 내 경우는 일순간에 일어난 것이니 너무 걱정하지 않아도 된다고 안심시켰다. 그렇다 해도 뇌를 단련시키는 운동은 계속하라고 당부했다. 이를테면 책을 읽거나 글을 써본다든가 해보라는 것이다.

그는 또 매번 찾아오는 걱정거리를 너무 힘들어할 필요는 없다고 했다. 현실을 받아들이고 살다보면 웬만한 걱정거리는 시간이 지나면서 자연히 잊혀진다는 것이다. 그날그날 주어지는 하루를 열심히 살다보면 사소한 걱정거리는 금방 잊게 마련이라는 것이다. 그게 걱정거리를 빨리 잊는 최선의 길이라는 것이다.

사실 지나가버릴 걱정거리에 얽매여 시간을 허비하기에는 인생이 너무 짧다. 그러니 내일을 위해 오늘을 의욕적으로 전진하는 것이야말로 고민 속에서 쉽게 벗어날 수 있는 명쾌한 해결책일 수 있다. 업무에 의욕적일 때 이른바 '망각'이라는 명약이 고민거리를 치료해준다고 본다. 요즘 실제로 출근해서 일에 묻히다보면 아내의 생각을 하지 않게 된다는 것을 느끼고 있다.

나는 아내가 발병한 이후로 거의 일주일에 한 번은 퇴근길에 지하철 용산역에서 내려 그곳 마트에 들르곤 했었다. 아내가 늘 식사를 할 때면 입맛이 없고 반찬이 대개 쓰다고 해서 입맛에 맞는 반찬거리를 구입하기 위해서였다.

그런데 문제는 살 것을 적어 가지 않았다가 그 때마다 사려고 했던 식품들을 자주 빼놓기가 일쑤였다. 그래서 어떤 때는 마트를 나와 노량진으로 가는 지하철을 타고 가다가 다시 노량진 역에서 용산 역으로 되돌아가는 경우도 종종 있었다. 그 때마다 이거 혹시 내가 치매라도 걸린 게 아닌가 하여 걱정하곤 했다.

그러나 아내가 떠난 이후론 용산 마트에 가는 일도 드물어졌다. 그래서 그런 실수도 그만큼 줄어들었다. 어쩌다 용산 마트에 가더라도 아내가 없으니 구입하는 식품 가짓수도 크게 줄어들었다.

간혹 맛있는 과일이나 고기류 또는 반찬류가 눈에 보여도 손이 가질 않는다. 그래서 늘 시장바구니가 전보다 가벼워졌다. 그래도 오늘은 손자가 좋아하는 돼지갈비를 몇 근 샀다. 집에서 기다리는 손자가 보면 좋아할 모습을 상상하니 나도 즐거웠다.

아내의 묘비명

100년 전쟁 때 영국의 태자였던 에드워드의 묘비에는 다음과 같은 글이 있다. "지나가는 이여! 나를 기억하라, 지금 그대가 살아있듯이 한때는 나 또한 살아있었노라. 내가 지금 잠들어 있듯이 그대 또한 반드시 잠들리라~ 어느 성직자의 묘지 입구에도 비슷한 내용이 있다. "오늘은 내 차례, 내일은 네 차례"라고 적어 삶이 유한하다는 것을 암시하고 있다.

유럽을 정복한 알렉산더 대왕(BC336~BC323)은 다음과 같은 유언을 남겼다. "내가 죽거든 나를 땅에 묻을 때 손을 땅 밖으로 내 놓아라" 천하를 손에 쥐었던 알렉산더도 떠날 때는 빈손으로 갔다는 것을 이 세상 사람들에게 알려주기 위함이었다.

유명한 헨리 8세의 딸로서 왕위에 오른 엘리자베스 1세(1533~1603)는 어려운 여건 속에서 훌륭한 정치수완을 발휘해 영국 왕정을 반석에 올려놓았다. 그러나 그 역시 묘비명에는 다음과 같은 짧은 말을 남겼다. "오직 한 순간 동안만 나의 것이었던 그 모든 것들."

철학자 임마누엘 칸트(1724~1804)는 수십년 동안 규칙적으로 산책했다. 사람들은 그가 산책하는 것을 보고 시간을 짐작했다고 한다. 그랬던 칸트도 임종이 가까워지자 침대에 누워있을 수밖에 없었다. 하물며 아무것도 먹을 수 없었다. 하인은 칸트가 목이 마를까봐 설탕물에 포도주를 타서 숟가락으로 조금씩 떠먹였다. 어느 날 칸트가 더는 그것을 마시고 싶지 않다는 뜻으로 "이제 그만"이라고 말했다. 그것이 칸트가 남긴 마지막 말이다.

오래 전에 가진 세계문학 선호도 조사결과에 따르면 50~60대가 꼽은 1위 작품은 그리스인 조르바였다. 저자 니코스 카잔차키스가 건네는 '자유와 해방'의 목소리가 좋았나 보다. 그의 뜻은 묘비명에 잘 나타나 있다. "나는 아무것도 바라지 않는다. 아무것도 부러워하지 않는다. 나는 자유다."

몇년 전 시애틀타임스는 61세의 나이로 세상을 떠난 여성 작가 제인 로터의 부고를 실었는데 이 부고를 쓴 사람은 바로 작가 자신이었다. 그녀는 "삶이란 선물을 받았고, 이제 그 선물을 돌려주려 한다"면서 남편에게 쓴 유언에 "당신을 만난 날은 내 생애 가장 운 좋은 날이었다"고 전했다. 죽음 앞에서 의연하고 살아있는 사람을 배려하는 모습이 감동을 준다.

중국의 동산 선사는 살아있을 때는 철저하게 삶에 충실하고, 죽을 때는 철저하게 죽음에 충실하라고 가르쳤다. 그가 죽기 전 남긴 말은 다음과 같다. "인생은 멋진 여행이었다. 다음 생은 어떤 여행이 나를 기다리고 있을까?"

이밖에도 많은 묘비명이 있지만 제일 충격적인 것은 버나드 쇼(1856~1950)의 묘비명이다. 그는 1950년 사망할 때까지 극작가, 평론가, 사회운동가 등의 폭 넓은 활동을 하면서 1925년에 노벨문학상을 받았다. 당시 인기 절정이었던 무용가 이사도라 덩킨이 '저와 같이 뛰어난 용모의 여자와 당신처럼 뛰어난 자질의 남자가 결혼해 2세를 낳으면 훌륭한 아기가 태어날 것'이라며 구혼의 편지를 보내오자 버나드 쇼는 "나처럼 못 생긴 용모에 당신처럼 멍청한 아기가 태어날 수도 있지 않겠소?"라며 거절했다.

이렇게 오만함과 익살스러움으로 명성을 떨쳤던 버나드 쇼는 94세까지 장수하며 자기의 소신대로 살았다. 하지만 그가 남긴 묘비명이 '충격적'이었다. "내 우물쭈물하다가 이렇게 될 줄 알았다." 그는 동서양에 걸쳐 명성을 떨치고 의미 있는 삶을 살다간 문인이요, 철학자며, 노벨상까지 받은 인물이다. 이런 사람이 자기의 삶을 되돌아보며, 우물쭈물했다고 자평한 것이다. 그도 삶의 마지막 순간에 정말 중요한 것을 놓치고 살았다고 후회했을까?

한 여름 무더위가 맹위를 떨치던 때가 엊그제 같은데 벌써 가을의 중반으로 접어들고 있다. 아내가 소천한지도 보름 가까이 됐다.

세월은 이처럼 유수같이 흘러간다. 앞으로 나한테 남은 시간은 더 빨리 지나갈 것이다. 그런데도 사람들은 영원히 살 것처럼 행동한다. 세상에 남아 있는 우리들은 자신이 사후에 어떻게 기억됐으면 하는지 생각해 보는 것도 좋을 것이다.

오늘 가족들과 아내의 묘비명에 대해 논의했다. 그 결과 생전에 아내가 말해왔던 성경구절을 묘비에 새겨 넣기로 했다. 시편 23편 6절 말씀이다. "나의 평생에 선하심과 인자하심이 정녕 나를 따르리니 내가 여호와의 집에 영원히 거하리로다" 이 구절을 가지고 이번 토요일 아들과 함께 아내를 만나러 가서 보고할 참이다. 아마 아내도 좋아할 것 같다.

나는 행복한 사람인가 봅니다

편지를 부칠 곳이 있다는 것은 참으로 행복한 사람이라고 합니다. 그것도 우리 나이 또래에선 더 행복한 사람이라는 것입니다. 그러니 나는 아직도 행복한 사람인 것이 맞나 봅니다. 왜냐하면 지금 당신에게 이렇게 그간의 일상을 일일이 편지에 담아 보낼 수 있기에 하는 말입니다.

엊그제부터 서울엔 가을비가 내리더니 바람이 차지고 초겨울 날씨가 계속되고 있습니다. 당신이 계신 곳도 마찬가지겠지요? 아니 그곳은 산 속이라 여기보다 더 추울 것 같군요. 나는 집에 있거나 차를 타거나 사무실에 나가거나 따뜻하게 지내고 있지만, 당신은 그렇지 못하니 속이 많이 상합니다.

가을이라서 그런지 우리 동네 아파트 단지 내 나무들도 울긋불긋 단풍이 들기 시작합니다. 당신은 여기보다 더 넓은 정원수들을 바라볼 수 있으니 단풍 든 모습은 더 많이 볼 수 있겠네요. 아무리 단풍이 아름답다 해도 당신 없는 이 세상 단풍은 나에겐 아무런 감흥

이 없답니다.

　당신이 그렇게도 사랑하던 손자 손녀는 다들 중간고사를 본다며 바빠해서 며칠씩이나 코빼기도 볼 수 없답니다. 윤정이는 학교시험을 보자마자 언론사 입사를 위해 시험 준비를 해야 한다며 무척 바쁘게 돌아가고 있고, 윤준이는 곧 고교 지원을 하면 대학 입시를 대비한 '3년 전쟁' 준비를 해야 한다며 심각한 표정을 짓곤 합니다.

　어제는 용인에서 권 이장님이 멥쌀 한 가마와 찹쌀 반 가마를 보내왔습니다. 올해는 쌀값이 작년보다 더 떨어졌다고 엄살(?)을 부리시며 나머지는 현 시세대로 현금으로 부치겠다고 해요. 그러라고 했어요. 전 같으면 당신과 내가 현금은 반씩 나눠 가졌는데 아들에게 말했더니 아버지가 가지고 계시라고 합니다.

　아들은 회사 일도 바쁜데 상속처리 문제로 굉장히 바쁘고 힘들다고 합니다. 내가 그랬어요. 세상 이치가 바로 가기가 힘들수록 돌아가라고요. 그렇게 하겠다고 했어요.

　내달 초에는 관계 공무원들과 미국 출장을 가는데 지난번처럼 그곳에 가서 영어로 설명회를 주관해야 하는 모양입니다.

　안산 건물은 부동산에 매매의뢰를 했고, 엘리베이터 교체는 내가 1년간 연기시켜 놨어요. 그동안에 적당한 금액을 제시하고 사겠다는 사람이 나서면 팔아서 아이들한테 나눠주려고 합니다. 아들은 당신 생전에 이야기 했던 대로 윤준이 방학이 시작되면 미국에 데리고 가서 자신이 다니던 대학 등을 보여주고 오겠다고 합니다.

딸네도 모두 평안합니다. 지난번에 딸네와 같이 당신 보러갔을 때 비석에 넣을 문구가 당신이 평소 원하던 성경구절인 시편23편 6절 말씀이라고 보고한 바 있었지요?

"나의 평생에 선하심과 인자하심이 정녕 나를 따르리니 내가 여호와의 집에 영원히 거하리로다"였지요. 그걸 새겨 넣기로 했어요.

윤준이는 생각이 깊은 녀석 같아요. 내가 아들에게 당신 사진을 식당 벽에 걸린 내 초상화 옆에 달게 했더니 학교에서 집에 오면 거의 매번 당신 사진을 바라보고는 "할머니, 학교 다녀왔습니다."하고 꾸벅 절하곤 한답니다. 녀석이 보통 아이들과 다르긴 많이 다른 것 같아요.

나는 당신 보내 드리고 나서 회사 사람 120명을 모시고 정약용 선생 사저가 있는 남양주로 가을세미나를 다녀왔고, 삼강문학 식구 30명과는 황순원 문학관이 있는 소나기 마을로 문학탐방도 다녀왔습니다. 회장이라는 직책이 참 무섭더군요. 몸도 마음도 지쳐 있을 때여서 힘들었지만, 당신이 도와줘서 무사히 행사를 마쳤답니다.

정약용 생가는 당신과도 두 번이나 같이 가 본 곳이고, 소나기 마을은 세미원에서 조금 시내 변두리 쪽으로 약간 들어간 곳인데 몇 해 전 당신과 양평에 냉면 먹으러 갔다 오면서 다음번엔 꼭 한 번 가보자고 했지만 못 가본 곳입니다. 그래서 그곳에서 문학관을 둘러보면서 당신 생각이 더 나더군요.

황순원 작가는 원래 동작구에 살았는데 소설에 이곳에서 소년 소녀가 소나기를 맞다가 수수대로 만든 가림집에 들어가 소나기가 지나가기를 기다렸다는 이야기가 딱 한 줄 나와요. 이것을 인용해 양평군에서 재빨리 문화관광지로 조성했다고 해요. 그날도 서울과 경기도내 초등학생들이 줄을 이어 오고 있었어요.

엊그제는 회사 만보회에서 회원 30여 명이 덕수궁 궁내와 돌담길을 걷는 행사가 있었어요. 우리 부부가 약혼식을 끝내고 그곳에 들러 사진을 찍던 추억이며, 언젠가 당신이 D일보에 근무하던 친구를 만나고 회사로 전화해 내가 대한문 앞으로 달려가 낙엽이 지기 시작하는 덕수궁 돌담길을 함께 걸었던 기억도 새록새록 났어요.

오늘 저녁엔 안방에서 잠자려다 그만 혼자 울었어요. 얼마까지만 해도 당신이 사용하던 침대와 휠체어를 대여 업체에서 회수가 갔어요. 그렇잖아도 허전한데 방이 텅 비어있으니 당신 숨결을 아주 잃은 것 같아서 그랬나 봅니다. 근래는 아무리 늦게 자도 꼭두새벽에 일어나서는 잠이 들지 않아 애를 먹곤 한답니다.

어떤 때는 당신이 옆에서 자고 있는 줄 알고 종전처럼 "여보, 괜찮아?" 하고 헛소리를 하기도 해요. 이웃들은 날 보고 "이제 당신을 그만 놓아주어야 당신이 하늘나라에서 편안히 지낸다."며 내 건강도 챙기라고 성화입니다. 그럴 때마다 "고맙습니다."라고 말하지만, 마음속으로는 "그게 그리 쉽게 되는 게 아니라"고 말하지요.

당신을 사랑하지만 내가 잘못한 것도 많았기에 나는 지난 번 삼강문학 시 낭송에서 당초 준비했던 '혼자 있다는 것'이란 시 대신 최근 작품인 '위대한 고백'이라는 시를 낭송했답니다. 여기 적어 볼게요.

나는 잃었네/ 동산에 핀 할미꽃/지나치다가 그만 잃었네// 동산에 오를 때면/ 늘 마주치던 그 꽃/구름을 머리에 이고/ 바람을 허리에 감고 있던 그 꽃// 병들어가도/ 숙명인양 치부하고/ 긴장하거나/치열하게 고민하지 않다가/ 그만 잃었네// 다시 필 수 없는 그 꽃/ 홀로 있어도 / 동산가득 하던 / 그 꽃//

1000국에 1004번

우리 동네에서 유일하게 공중전화 부스가 설치되어 있는 곳은 교회 옆 영아원 입구 도로변이다. 나는 오늘도 주일을 맞아 3부 주일예배를 드리려고 집에서 나와 걸어서 교회로 향하고 있었다. 영아원에 가까이 갔을 때 무심코 공중전화기를 쳐다 봤다. 그리고 왠지 공중전화기가 반갑게 맞이하는 것 같은 느낌을 받았다.

"그렇지, 아내의 휴대전화는 통화가 정지됐으니 저 공중전화기로 아내에게 안부 전화를 걸어봐야지" 나는 무턱대고 공중전화기로 다가가서 수화기를 들었다. 그리고 백원짜리 동전 두 개를 넣었다. '삐'하고 신호음이 들렸다. "가만 있자. 그런데 천국의 전화번호가 몇 번이지?"

한동안 난감했다. 그런데 내 머리에 옛날 아내와 농담으로 나눴던 천국의 전화번호가 전광석화처럼 떠올랐다. "그래, 그 때 아내가 혹시 자기가 먼저 천국에 가면 1000국에 1004번으로 전화를 걸면 통화할 수 있을 것이라고 했지." 나는 1000번을 누르고 다시

1004번을 눌렀다. 혹시나 하고 잔뜩 긴장해서 기다리고 있는데 역시나 신호가 가고 있었다.

수화기 저 쪽에서 여성의 목소리가 들렸다. "여보세요. 천국의 천사님들의 집입니다. 저는 여기서 전화 받는 사람인데요. 누구를 찾으시지요?" 너무나 사람의 전화소리와 똑 같아서 깜짝 놀랐다. 나는 허겁지겁 대답했다. "네, 김계호 권사님을 찾는데요." "아, 네, 김계호 천사님 말씀이시지요? 권사님은 여기서 천사님이라고 부른답니다. 곧 바꿔드릴게요." 멀리서 들린다. "김계호 천사님 전화 받으세요."

잠시 뒤에 아내의 목소리가 수화기를 통해 들려왔다. "전화 바꿨습니다. 누구세요."

처음엔 말문이 막혀 말이 나오질 않았다. 한 참 뜸을 들이고 답을 하려니 아내가 다시 누구시냐고 묻는다. 그러면서 혼잣말로 '잘못 걸려온 전화인가' 하면서 전화를 끊으려는 것 같았다. 그 때서야 나는 막혔던 말문이 열렸다. 그래도 내 말은 더듬거렸다.

"여보, 나, 나야, 당, 당신 남편." "당신이셨군요. 아니, 어떻게 전번을 알고 전화를 하셨어요? 별일 없으시지요? 대상포진은 좀 어떠세요? 아이들도 다 잘 있고요? 당신, 참, 내가 여기로 오기 전에 간병하느라 너무나 고생 많으셨어요. 고마워요, 여보." 아내는 내가 말할 틈도 주지 않고 마치 속사포 같이 말을 쏟아냈다.

내가 건성건성 대답하고 나니 "지금 아침 예배시간이라 들어가야 한다면서 나중에 다시 전화하라며 전화를 끊으려 한다." 나는 며칠 전에 보낸 편지는 받아봤느냐고 물었더니 받아봤다면서 모두 잘 처리 하신 것 같다면서 다음 주일에 또 전화하라면서 전화를 끊는다. "뚜우~ 뚜우~."

수화기에서 들려오는 소리에 낙망해서 힘없이 수화기를 걸어놓다가 그만 떨어뜨렸다. 수화기가 전화부스 벽면에 한 번 부딪고 나서 나는 가까스로 수화기를 집어 걸어 놓았다. 그 바람에 잠에서 깼다. 일장춘몽이란 말이 여기에 해당하는지 모르겠으나 허전하기 이를 데 없는 순간이었다.

그래도 희망은 있다. 아내가 다음 주일에 또 통화하자고 했으니 말이다. 어디 그뿐인가. 아내가 천국의 천사님들의 집에서 살고 있다니 이처럼 반갑고 기분 좋은 소식이 또 어디 있다는 말인가. 오랜 시간 대화를 나누지 못한 것이 못내 아쉽기는 했지만 꿈속에서라도 아내와 즐겁게 전화통화를 했다니 정말 "꿈만 같았다"그래서 다음 주일이 어서 오길 더 기다려진다.

여권을 찾다가 그만 울어버렸어요

사랑하는 당신에게!

서울엔 엊그제 첫눈이 내렸답니다. 밤사이 내려주신 하얀 첫눈을 보니 오랜 단절을 잇기 위해 소망의 실로 짜낸 주님의 가없는 축복이라는 것을 알았습니다. 아침에 일어나 보니 눈이 부시도록 찬란하더군요. 당신 없이 나 홀로 찬양하기에 스스로 부끄러워 조용히 옷깃을 여미고 감사기도 드렸습니다.

삶은 소풍이라는 말이 있지요. 사실 우리는 일하러 이 세상에 온 것도 아니고 성공하려고 세상에 온 것도 아니었지요. 그냥 소풍 온 것에 불과한 것이지요. 장자(莊子)라는 분이 이미 말한 소요유(逍遙遊)란 것이 바로 이런 의미라고 봅니다. 그러니 인생이란 소풍입니다. 그렇다면 여행 자체를 즐겨야 하는데 그렇지 못합니다. 당신과 함께 하는 여행이 아니어서지요.

당신은 이미 소풍을 끝내고 하늘나라로 갔지만 나는 아직도 소풍 중입니다. 당신이 생전에 나한테 말했지요. 우리 짐 진 것 모두 내려놓고 동심으로 돌아가 소풍 온 듯 쉬엄쉬엄 즐겁고 후회 없이 살자고요. 그래야 삶의 여유가 두 배가 된다고 했어요.

그 말에 나는 전적으로 찬동하면서 이왕 이야기가 나온 김에 해외로 여행가자고 했습니다.

그리고 장롱 속에 고이 간직해 두었던 여권을 꺼내 봤지요. 그런데 말입니다. 여권의 유효기간이 한 달 정도 남아있는 것을 발견했지요. 그게 2019년 6월 5일까지였던가 합니다. 우린 서로 얼굴을 마주 보면서 무언이지만 여권을 갱신하자는 의견의 일치를 봤습니다. 그리고 그 즉시 관할 구청 여권과로 달려갔습니다.

여권 사진을 다시 찍어서 제출하니 이틀 후에 찾으러 오라고 했습니다. 당신은 새 여권을 받아들고 마치 어린아이처럼 무척 기뻐했지요. 그리곤 "우리 어디로 여행 다녀올까요? 일본? 아니면 미국 하와이? 아니면 프랑스 파리?"하면서 도시 이름을 마구 읊어댔어요. 나는 "아무데고 당신이 가고 싶은 데로 다녀오자"고 했고요.

그러자 당신은 "아이 우리 나이가 얼만데 그렇게 멀리 다녀올 수 있겠어요. 가까운 국내 여행이나 다녀옵시다."라고 했어요. 그러자 여권 창구에서 우리 부부가 나누는 이야기를 듣고 있던 창구 직원이 끼어들었어요. "아이구, 아니에요. 어르신 요즘 백세 시대인걸요. 얼마든지 해외여행 다녀오실 수 있어요." 우리는 부부 합창으로 "그래요?" 하면서 마주 보고 큰 소리로 웃었어요.

그래요. 그 때 내가 말했지요. 여행은 낭만과 사랑을 선사한다고요. 눈부시게 쏟아지는 햇빛, 시원하게 불어오는 바람은 여행길을 즐겁게 한다고요. 그러나 그게 거기서 끝나리라고는 상상도 못했습니다. 갑자기 세계적인 역병인 코로나가 닥쳤던 것이지요.

그리곤 그 다음해엔 당신이 청천벽력과도 같았던 파킨슨병이라는 진단을 받았던 것입니다.

처음엔 나나 당신이나 무척 당황했지요. 하늘이 노랗게 보였어요. 한동안은 오진이길 바랐어요. 그러나 그 후 우린 순종하기로 했어요. 내가 그랬지요. "여보, 우리 여행 가기로 했는데 어떻게 하지?" 참, 그 때는 내가 철이 없었나 봅니다. 당신은 나의 이런 태도에 아무 말도 하지 않다가 한참 만에 이렇게 말했어요. "지금 코로나와 전쟁인데 어딜가요. 핑계 김에 잘 됐어요. 코로나 풀리면 갑시다."

올 8월이었어요. 내가 회사일로 연말에 라오스에 출장갈 일이 생겼다고 말했지요.

당신이 휠체어도 혼자 탈 수 없는 상황이어서 어떻게 해야 할지 모르겠다고 하니 당신은 요양보호사를 24시간 있으라고 할 테니 걱정하지 말고 다녀오시라고 했어요. 또 당신은 아이들한테도 전후 사정을 이야기 하고 4박 5일 정도 남매가 번갈아가면서 우리 집에 와서 잠을 자라고 일러두더군요.

하지만 당신은 무슨 일이 그리 급한지 지난 9월에 하늘나라로 아주 멀리 여행을 떠났어요. 그곳은 돌아오지도 않는 곳이지요. 어제였어요. 여행사에서 여권 사본을 제출하라고 해서 장롱 문을 열고 여권을 꺼냈어요. 당신 여권과 내 여권이 나란히 놓여 있더군요. 나는 여권을 꺼내다가 그만 울어버렸어요.

당신의 여권사진은 평온한 얼굴로 나를 물끄러미 바라보고 있었어요. 그러면서 나한테 속삭였어요. "여보, 내 걱정 말고 어서 다녀오세요. 나는 여권 없이도 얼마든지 아무데나 다녀올 수 있으니 내 걱정 말고요." 어젯밤 잠자다가 당신과 여행 가는 꿈을 꿨어요. 뉴욕인 것 같았어요. 자유의 여신상을 보러가기 위해 배를 타고 강 가운데로 가다가 배가 침몰했어요. 그 바람에 잠에서 깼어요.

나도 모르게 당신이 누워있는 줄 알고 당신 쪽을 바라보면서 "여보, 괜찮아?" 하고 소리를 질렀어요. 그리고 옆을 보니 당신이 안 보이지 뭡니까. 그 때서야 정신이 번쩍 들었지요. 벽시계를 보니 새벽 5시였어요. 그 때부터 다시 잠이 오지 않아 이리저리 뒤척이기만 했어요. 당신이 얼마나 소중한 사람인지를 다시 한 번 생각하는 시간이었다오.

우아하게 늙는다는 것

오늘 두 분의 여성이 나를 찾아왔다. 한분은 60대 초반이고 한분은 70대 초반 같았다. 두 분과의 대화는 보통 나에게 묻고 내가 대답하는 형식이었다. 주제는 간단했다.

'선생님 같이 우아하게 늙으려면 어떻게 하면 되느냐'는 것이었다.

대답하기에 난해한 것이었다. 내가 우아하게 늙지도 않고, 무엇을 정답 비슷한 것이라고 대답하겠는가? 그래도 대답을 해야 해서 짧은 시간에 온갖 머릿속에 있는 짧은 지식을 총동원해서 이야기를 이끌어갔다. 아마 나의 이야기를 듣는 이 부인들은 처음엔 모두 실망했을 것이다.

"한국인의 평균 수명은 올해 기준으로 85세라고 합니다. 그러니까 나는 아직은 평균 수명까지는 2년 하고도 3개월 정도 남았네요. 여하튼 그러다보니 오래 사는 것보다 우아하게 늙는 것이 요즘 화두가 되고 있는 것 같아요."

부인들은 내 말에 귀를 쫑긋하고 눈을 모으고 열심히 듣는 것 같았다. 내가 물었다.

"그런데 우아하다는 것은 무엇을 의미할까요?" 아무도 대답을 못하고 서로 상대방 눈치만 보는 것 같았다. 그래서 내가 대답해 줬다. "여자들은 여유로운 마음으로 온화하게 늙는 것이고, 남자들은 노신사처럼 중후한 멋을 풍기며 늙는다는 것일 겁니다."

여성들은 고개를 끄덕이며 긍정하는 모습이었다. 나는 내친김에 이야기를 이어갔다.

"흔히 20대 얼굴까지는 부모님이 만들어준 얼굴이라 하지만 50대부터는 스스로 만들어가는 얼굴이라고 합니다. 나이를 먹어도 언제나 밝은 얼굴, 선한 인상으로 호감을 주는 얼굴이 있는가 하면, 반면에 가만히 있어도 성깔이 있어 보이는 얼굴이 있습니다. 그래서 얼굴은 그 사람이 어떤 마음으로 살아왔느냐를 말해준다고 하지요."

여성들은 내 말이 멈추기가 무섭게 서로의 얼굴을 보면서 웃는 얼굴을 지어 보이려고 노력하는 것 같았어요. 그러면서 "어머, 선생님은 관상도 보시나 봐요?"라고 말한다. 그래서 내가 그랬지요. "그렇습니다. 마음의 상을 읽는 답니다."하고요. 그랬더니 갑자기 두 여성이 깔깔대며 박장대소를 해요. 그렇게 우스운 일도 아닌데요. 왜 그랬을까요? 자기들의 속마음을 화자인 나한테 들켰기 때문이지요. 짐짓 그렇지 않은 체 하면서 말입니다. 내 이야기는 계속 됐어요.

"인간의 늙음 즉, 노화는 그 어떤 의학으로도 막을 길이 없답니다. 그래서 그 노화를 아름답고 우아하게 바꾸려는 노력이 필요합니다. 그 방법은 첫 번째로 스트레스를 줄이고, 두 번째는 편안한 마음가짐을 갖는 겁니다. 세 번째는 긍정적인 마음을 갖는 겁니다. 사람이 살다보면 별의 별 일들과 부딪히게 마련입니다."

"하지만 언제나 긍정적인 마음으로 편하게 보면서 살아간다면 곱게 늙어갈 수 있습니다. 여기 물이 컵에 반쯤 담겨져 있다고 칩시다. 부정적인 마음은 '왜 물이 반 컵밖에 없는 거야!'라고 말하지만 긍정적인 마음은 '물이 반 컵이나 남았네!'라고 한다는 이야기는 많이 들어 보셨을 겁니다."

그러자 한 여성이 대뜸 이런 질문을 합니다. "선생님, 열불이 날 정도로 화나는 일이 있는데 어떻게 긍정적으로 생각하고 편안한 마음을 가질 수 있나요?" 맞는 말이지요. 그래서 그런 마음을 갖는다는 게 무척 힘든 겁니다. 그러니 늙는 것이지요. "모두 깔깔대며 내게 눈을 흘기더군요. 내 말이 억지라는 겁니다. 노화는 우리에게 피할 수 없는 삶의 과정 중의 하나입니다. 한 살 한 살 먹어갈수록 긍정적인 사고와 베푸는 마음, 사랑하는 마음만이 멋지고 아름답고 우아하게 늙어갈 수 있다고 합니다. 반대로 늘 불평하고, 의심하고, 경쟁하고, 집착한다면 우리는 흉하게 늙어가는 것입니다."
이 말에 여성들은 "그렇겠네요. 절대로 불평하고 의심하고 경쟁하거나 집착하는 삶을 살지 않도록 해야겠습니다."하고 이구동성으로 말하더군요.

다음은 내가 그 여성분들에게 다짐하듯 해준 결론입니다. "그렇습니다. 우리 모두 세월을 인정하고 우아하게 늙어가기로 합시다. 잘 물든 단풍은 봄꽃보다 예쁘다고 합니다. 봄꽃은 예쁘지만, 떨어지면 지저분하지요. 그래서 주워가는 사람이 없답니다.

그런데 잘 물든 단풍은 떨어져도 주워갑니다. 때로는 책갈피에 끼워 오래도록 간직하기도 하지요. 그러니 잘 물든 단풍은 봄꽃보다 예쁜 겁니다. 우리 인생도 잘 늙는다면 청춘보다 더 아름다운 황혼을 만들 수 있음을 잊지 마세요."

가정의 기본은 부부라는 걸
일깨워준 하루

　주말 저녁 퇴근길이었다. 서울지하철 시청역에서 인천행 지하철을 탔는데 마침 노인석이 한 자리 비어 있어서 무심코 다가가 앉았다. 옆자리에는 70대 초반쯤 돼 보이는 부부가 앉아 무언가 대화를 나누고 있었다. 언뜻 표정을 보니 매우 다정다감한 부부같아 보였다. 부부는 벌써부터 다가올 설맞이에 대해 이야기 하고 있었다.
　할아버지가 말한다. "올 설에도 아이들이 세배하러 올 텐데 갈비는 사다가 재놓고 가래떡은 사다놓으면 되지만 잡채나 나물이나 전 같은 것은 당신이 수고스럽지만 만들어야 되겠지요? 오이소박이와 나박김치도 담그고." 할머니가 대답한다. "그래야겠지요. 그런데 여보, 올해는 잡채도 그렇고 전도 사다먹으면 안 될까요? 이젠 나도 늙어서 힘이 들어요."
　할아버지는 "그래도 엄마의 정성이 듬뿍 담겨 있는 게 좋지 않겠어요?"하면서 아내가 준비하라고 설득한다. 그러면서 할머니의 눈치를 보며 너털웃음으로 얼버무린다.

그러자 할머니가 남편을 힐끗 쳐다 보며 "아이, 그래요. 제가 준비할게요. 이 양반은 꼭 날 부려먹지 못해 안달이란 말이야" 하면서 눈을 곱게 흘긴다. 그 모습이 전혀 밉지가 않다.

"그런데 아이들이 오면 용돈이라도 줘야 할 텐데 얼마씩을 줘야 하나?" 할아버지가 한숨을 내쉬며 하는 말이다. 그러자 할머니는 대뜸 "이젠 용돈 좀 그만 줘요. 걔네들도 모두 회사 다니잖아요. 장가도 안 가고. 지들이 부모한테 용돈을 내놔도 시원찮은데 뭘 줘요. 그 돈 있으면 저 주세요." "당신한텐 엊그제 줬잖아요." "언제요. 며칠 전 과일 사오라면서 주신 것 말이지요? 에게, 그게 무슨 용돈이에요." "내가 그랬나?"

우연히 귀동냥해서 들은 이야기지만 대화하는 모습이나 내용이 참으로 행복한 부부 같았다. 꼭 내가 저 나이 때 아내와 나누던 이야기 같아 정감이 더 갔다. 그런데 저 노부부의 이야기를 듣다보니 나한테는 이번 설부터 저런 대화마저 할 사람이 없다는 생각에 왠지 더 서글퍼진다. 나는 노량진역에 도착해 자리에서 일어나면서 나도 모르게 그들 부부에게 가벼운 목례로 편히 가시라고 인사했다.

지하철에서 내려 마을버스 정류장으로 오는데 역 앞 꽃가게 아주머니가 가게 문을 열고 나오다가 반갑게 인사한다. "어디 다녀오세요?" "사무실에 나갔다 오는 길입니다." "아직도 그 연세에 어디

다니세요?" "그냥 놀러 나갔다 오는 거예요. 요즘 꽃 장사는 어떠세요?" "안 돼요. 교수님이 안 사가시니 되겠어요?" 하고는 한 번 크게 웃더니 작은 목소리로 "사모님 병환은 차도가 있는가요?" 하며 아내 안부를 묻는다.

나는 한참 있다가 아내가 벌써 넉 달 전에 하늘나라에 갔다고 일러주었다. 아주머니는 어안이 벙벙해졌는지 한동안 말을 잇지 못하더니 나를 안쓰러운 듯 물끄러미 쳐다만 본다. 그녀는 한참 뒤에 "얼마나 슬프고 힘드세요." 하면서 "그래도 산 사람은 살아야지요." 하면서 용기를 북돋운다. "어쩐지 이상했어요. 적어도 한 달에 한 번쯤은 사모님을 주신다면서 장미를 사가셨는데 몇 달간 통 뵐 수가 없어서 탈이 나도 단단히 났다고 생각했지요."

"그랬다. 월초면 매번 장미를 한 송이씩 사갔다. 그러면서 아내에게 지어준 별명이 '장미꽃 당신'이었다. 그리고 결혼기념일엔 기념 햇수만큼 사갔는데 올 기념일엔 쉰다섯 송이를 사갔었다. 그리고 아내 생일엔 아내 나이만큼 사가곤 했다. 그래서 이 꽃집 아주머니는 아내 나이나 우리부부의 결혼기념일이 몇 주년인지를 정확히 알고 있었다.

사실 사회의 가장 기본 단위는 가정이고, 가정의 기본은 부부다. 부부라는 관계를 가운데로 하고 어린이, 어버이, 스승, 성년의 관계가 성립된다고 해도 과언이 아니다.

그래서 사회 구성의 기본인 부부관계에 문제가 생기면 많은 분야에서 사회병리 현상이 일어나게 되는 것이다.

최근 발표된 인간의 장수에 관한 연구를 보면 아이들에게 가장 많이 영향을 미치는 것이 부모의 이혼이라고 했다. 또 부부가 이혼한 사람의 수명은 그렇지 않은 사람보다 평균적으로 5년이나 짧다고 한다. 사별했을 경우도 이와 비슷하지 않을까 추측된다. 평균수명에 이렇게 큰 영향을 미친다면 여러 다른 면에도 많은 영향을 미칠 것임에 틀림없을 것이다.

성경은 "아내들이여 자기 남편에게 복종하기를 주께 하듯 하라"고 가르친다. 남편들에게는 "아내 사랑하기를 제 몸 같이 하라"고 가르치고 있다. 하지만 교인들 가운데도 성경의 가르침대로 살아가는 아내나 남편이 과연 얼마나 될까? 앞서 만난 노부부처럼 부부가 화목하다면 그런 가정이야말로 행복하고 아름다운 사회의 기초가 되지 않을까 생각한다.

아내라는 소중한 위치

사랑하는 당신에게!

설을 이틀 앞두고 전국적으로 많은 눈이 내리고 있습니다. 지난 주말에 당신을 만나보고 오길 잘했다고 생각됩니다. 그날도 아침 일찍 서둘렀으니 망정이지 상경할 때는 도로가 워낙 막혀 겨우 두 시간 만에 집에 도착할 수 있었답니다.

요즘 내가 새삼 곱씹어보는 단어가 있습니다. '가정'이라는 단어지요. 인간 삶의 가장 기본이 되는 게 가정이기 때문입니다. 인생을 팔십 넘게 살아보니 행복한 가정은 삶의 큰 즐거움과 가치를 느끼게 할 뿐 만아니라 사회생활을 하는데도 지칠 줄 모르는 왕성한 능력을 공급하는 원천이 된다는 것을 알게 되더라고요.

우리 사무실에서도 보면 행복한 가정을 가진 사람은 그의 일상생활이 활기차고 긍정적이며, 모든 일에 있어서 희망이 가득해 보이고 삶의 의욕이 넘쳐나더군요. 그러니 가정에서 아내의 위치는 얼마나 소중한가를 미뤄 짐작할 수 있습니다.

성경에서 가정에 관한 말씀만 봐도 언제나 남편보다 먼저 아내에 대해 언급하고 있음을 발견할 수 있습니다. 행복한 가정의 처음 요소가 남편보다도 아내에게 있기 때문이 아니겠어요? 그만큼 가정에서의 아내의 위치는 매우 중요한 것이지요. 그래서 당신이 없는 설을 처음 맞으면서 당신의 소중함을 다시 한 번 깨닫게 되는가 봅니다.

설 연휴가 시작되기 전날이었습니다. 점심을 들고 사무실 식구들에게 일찍 퇴근해도 좋다고 얘기했습니다. 그래놓고 나는 집에 간들 당신이 없으니 미적거리며 퇴근을 하지 않고 있었습니다. 그런데 막내 직원이 못나가고 있는 거예요. 그래서 내가 물어봤습니다. 그랬더니 내가 안 나가고 있어서 그렇다고 했습니다. 직원의 말이 떨어지기가 무섭게 사무실을 빠져 나왔습니다.

갈 데가 없더라고요. 도시는 한낮인데도 벌써 썰물이 빠지듯 썰렁한 것 같았습니다.

시청 역에서 지하철을 탔습니다. 천안·아산행이었습니다. 열차 안은 마치 시장 바닥 같았습니다. 여기저기 큼지막한 짐 보따리가 차지하고 있었고, 노인 석뿐 아니라 일반석에도 50대 중 후반의 남녀 승객들이 거의 모든 자리를 차지하고 있더군요. 마치 보부상 같았어요.

내가 한 아주머니에게 어디를 다녀오시기에 이렇게 두서너 개씩 보따리 짐을 들고 타셨느냐고 물었더니 동대문 시장에서 설상 차림 물건들을 사서 고향으로 내려가는 중이라고 하더군요. 옆에 계시던 아저씨 말이 "설상을 차리는데 시골 장에서 사면 족히 20만 원은 들어야 하지만 동대문시장에서 사면 15만 원이면 충분하다"면서 할아버지는 내게 고향이 어디냐고 묻더군요.

얼른 아산이라고 대답했지요. 옆에서 우리의 대화를 듣던 다른 아저씨가 "한 고향이시구먼"하고 반갑다며 할아버지는 고향에 안 내려가시느냐고 물어왔습니다. 고향에 계시던 부모 형제분들이 모두 타계하셔서 서울에서 지낸다고 하니 하나같이 안됐다는 표정들이더군요.

당신과 함께 아들네 식구들 데리고 천안 큰댁에 내려가서 하루 자면서 명절을 지낸 게 이젠 까마득한 추억이 됐군요. 서울에서 명절을 보내면서부터 매년 당신의 일손은 바쁘기만 했지요. 아들네, 딸네 모두 당신이 차려놓은 명절 음식을 먹고 포만감에 젖어있을 때마다 당신은 늘 더 많이, 더 맛있는 음식을 차려주지 못했다면서 아쉬워하곤 했습니다.

그러다 4년 전 당신이 불치병으로 자리에 누우면서부터 우리 집 명절분위기는 밝을 수가 없었습니다. 그래도 당신은 며느리에게 미리 돈을 주고 묵은 쌀을 떡집에 보내 떡국준비를 시키고 직접 음식을 못 만들게 됐으니 갈비찜이니 전이나 잡채, 나박김치, 오이소박이 등 반찬은 단골 가게에 연락해서 직접 맞추어 가져오게 했지요.

당신은 또 손자들에게 줄 세뱃돈이나 용돈은 언제나 나를 시켜서 은행에서 신권으로 바꿔다났다가 봉투에 넣어 '축하한다'는 말과 함께 전해주곤 했지요. 아픈 가운데서도 당신은 막내 손자가 명절에 대해 나에게 질문을 쏟아 부으면 조손간의 대화를 곁에서 지켜보면서 무척 좋아하곤 했습니다.

한 번은 손자가 '까치설날'과 '우리 설날'이 어떻게 다른가 묻자 부엌에서 일하면서도 혹시나 내가 잘못이야기 해줄까 조바심이 난다면서 이야기 중간 중간에 말참견을 하기도 했지요. 그리고 내가 '설'은 새해의 첫머리라는 뜻이고 '설날'은 그 중에서도 '첫날'이란 의미인데 매사 삼가고 조심하라고 가르치면 당신은 "할아버지 말씀 잘 듣고 실천해야 한다"고 거들기도 했습니다.

돌이켜 보면 우리 부부는 서로 보살펴주고 모자란 부분은 채워주면서 아름답게 사랑하면서 살아온 것 같아요. 누군가 그랬어요. 인생에서는 지식보다 경륜이 삶을 윤택하게 한다고요. 우리는 한평생 삶의 지혜도 깨닫고 사랑이 뭔지, 인생이 뭐고 아픔이 뭔지, 그리움은 추억이라는 것까지 따로 배우지 않아도 스스로 터득했던 것 같습니다.

당신이 하늘나라로 간 후 맞는 설이어서 그런지 온 가족이 모여 시끌벅적하게 지내던 생각이 더 나고, 그래서 당신의 빈자리가 너무나 커 보입니다. 아무리 그래도 내일 모레가 설날이니 아이들 세뱃돈 줄 신권은 이미 바꿔다놨고요. 떡국이나 만두도 준비하고 갈비도 좀 사다 쟁여 놨답니다. 언젠가 당신이 나에게 말했지요. '우리 서로 지켜주며 파수꾼이 되자'고요. 그 말씀 잊지 않고 있답니다.

피천득 선생의 '인연'이란 수필 중에 이런 대목이 문득 생각납니다. "어리석은 사람은 인연을 만나도 몰라보고, 보통사람은 인연인줄 알면서도 놓치고, 현명한 사람은 옷깃만 스쳐도 인연을 살려낸다"고요. 당신은 나와 처음 만났을 때 "우리의 인연은 천생연분인 것 같다"고 했지요. 우린 현명한 사람들이니까 그렇다고 했어요. 당신 말이 옳습니다.

봄은 오는데 당신은 언제 오시나요

우수(雨水)가 지나면서 겨울도 꼬리를 감추는 가 봅니다. 하지만 겨울의 끝자락답게 입춘 추위가 좀처럼 물러나려 들지 않습니다. 기상청 예보는 경칩이나 돼야 올해 새봄을 맞게 된다고 합니다. 그래서 우수는 오는 봄을 맞이하기 위해 준비에 나서는 절기인 것 같습니다.

우수를 그대로 풀어보면 '빗물'입니다. 그 빗물이 땅으로 스며들면서 대지에 생명을 주고 봄을 불러오게 합니다. 폴란드의 격언에는 봄은 처녀, 여름은 어머니, 가을은 미망인, 겨울은 계모라는 격언이 있답니다. 봄은 처녀처럼 부드럽고, 여름은 어머니처럼 풍성하며, 가을은 미망인처럼 쓸쓸하고, 겨울은 계모처럼 차가워서 그렇게 말 했는가 봅니다.

어쨌든 봄은 세 가지의 덕(德)을 지닌다고 합니다. 생명이요, 희망이요, 환희가 그것입니다. 봄은 생명의 계절임에 틀림없습니다. 땅에 씨앗을 뿌리면 푸른 새싹이 돋고, 나뭇가지마다 새로운 잎이

돋으며 아름다운 꽃을 피웁니다. 우수에 때맞춰 이른 봄비라도 내리면 그 해는 풍년이 든다는 말도 있습니다.

이 즈음에 내리는 비는 겨우내 얼어있던 대지와 그 속에 움츠려 있던 생명들이 다시 세상으로 나오도록 돕는 역할을 하지요. 얼음이 녹아 윤기를 찾기 시작한 땅에서는 동면(冬眠)하던 벌레들이 깨어나고, 파란 새싹들도 세상을 향해 고개를 조금씩 내미는 게 보입니다.

당신도 경험했듯이 예년의 이맘 때면 반가운 봄비나 봄눈이 내리는 경우가 잦았습니다. 지난해엔 우수에 맞춰 사흘 동안이나 봄비가 내린 것을 기억 합니다. 그리고는 닷새간 춘설이 이어졌었지요. 2년 전에도 때 맞춰서 한 차례 봄비가 내렸는데 올해는 아쉽게도 비 소식이 없습니다.

우수 전 날인 지난주일 당신을 만나러 갈 때는 라디오에서 봄비를 기다리는지 소리꾼 장사익이 부르는 '봄비'라는 노래가 흘러나왔어요. 오래됐지만 전에도 당신과 함께 봄나들이 드라이브를 할 때면 이 노래를 들을 수 있었지요. 한복 두루마기 차림으로 이야기를 들려주듯이 툭툭 던지는 창법으로 부르는 장사익은 젊은 시절부터 봄비를 좋아했다는군요.

장사익은 뒤늦게 소리꾼으로 등장하면서 이 노래를 무대에서 자주 불렀다고 해요.

그는 겨울동안 얼어붙었던 마음과 근심걱정들이 봄비에 녹아 사라지기를 바라는 마음으로 이 노래를 부른다고 방송에서 이야기하더군요. 힘들고 어렵지만 꽃 피는 날처럼 늘 그렇게 살았으면 좋으련만 당신은 혼자 먼저 떠났습니다.

봄이 가까이 와서 그런지 우리 동네에도 찾아오는 새들이 부쩍 늘었습니다. 참새는 물론이고 비둘기와 까치까지 수시로 들락거립니다. 아직은 황량해 보이는 아파트 단지 주변 숲이 생명의 움직임과 그 소리로 서서히 깨어나고 있는 것 같습니다. 당신이 영면하고 있는 이곳으로 오다가 마음 급한 다람쥐를 만났습니다. 새 생명을 잉태한 봄은 다시 찾아오는데 당신은 다시 못 온다니 가슴이 미어집니다.

밀레와 고흐는 '씨 뿌리는 젊은이'를 그렸습니다. 우리 부부도 젊어서 우리의 마음에 낭만의 씨를 뿌렸지요. 인격의 밭에는 성실의 씨를 뿌리기도 했고, 정신의 밭에는 노력의 씨도 뿌렸습니다. 그 결실은 아들과 딸이 자라서 우리들에게 손자들을 안겨주고 건강한 삶을 사는 것으로 맺어졌습니다.

언젠가 당신과 청계산 옥녀봉을 오를 때였어요. 당신이 "지고 가는 배낭이 너무 무거워 벗어버리고 싶지만, 참고 정상까지 올라가면 배낭에 가득한 먹을 것을 생각해서 힘들어도 그대로 올라간다"면서 "인생도 이와 다를 바가 없다"고 말해 나를 놀라게 했지요. 그리고 우린 정상에 올라 여러 이야기들을 나눴습니다.

그 때 나는 "이 세상에 짐이 없이 사는 사람은 없다"고 말했습니다. 그러면서 "사람은 누구나 태어나서 저마다 힘든 짐을 감당하다가 저 세상으로 간다"고 말했을 겁니다. 당신이 바로 그 좋은 예 같다고도 했어요. 당신은 좋은 아내로, 아이들의 좋은 엄마로, 가문의 며느리로 약국을 경영하면서 늘 무거운 짐을 지고 살았지요. 당신을 보면 인생 자체가 짐 같았습니다.

내가 너무 미안해서 당신한테만 짐을 지게 하는 것 같다고 말하면 당신은 살면서 누구나 부닥치는 일 중에서 짐이 아닌 게 하나도 없다고 말하곤 했어요. 그러면서 언젠가 짐을 풀 때면 짐의 무게만큼 보람과 행복을 얻게 된다고 말했습니다. 나는 그런 진리를 늦게 터득했다니 참으로 철없는 남편이었습니다.

당신은 나에게 이런 말도 들려줬어요. 아프리카의 어느 원주민은 강을 건널 때 일부러 돌덩어리를 진다고요. 급류에 휩쓸리지 않기 위해서라고 했지요. 무거운 짐이 자신을 살린다는 것을 깨우친 거라고요. 그 때 나도 한마디 거들었지요. 헛바퀴를 도는 차에는 일부러 짐을 싣기도 한다고요.

그러자 당신은 나에게 "당신은 우리 집 짐을 모두 혼자 지고 있다"고 말했어요. 당신이 나를 생각해주니 참으로 고맙더라고요. 그래서 행복했답니다. 그럴 때마다 나도 당신에게 행복을 주는 사람이 되어야겠다는 다짐을 하곤 했습니다. 지금은 대동강물도 풀린다는 절기이지만, 아직도 꽃샘추위는 남았나 봅니다. 하지만 지난 주일에도 당신을 만나고 왔다는 생각에 행복하고 감사했습니다.

■ 평설

체험과 사색, 감성과 지성의 수필
장석영 수필집 『할미꽃 당신』 평설

김 전 (시인, 시조시인, 문학평론가)
kumijb@hanmail.net

1. 들머리

　장석영 수필집 『할미꽃 당신』을 마주하곤, 모처럼 작가와 하나되어 그 감성의 늪에 푹~ 빠지게 됐다.
　눈물로 써 내려간 이 수필집을 읽으며 하염없이 눈물을 흘렸다.
　결혼해서 부부로 산 세월이 55년이다. 인생 나이도 80을 훌쩍 넘겼다. 지난 세월을 되돌려 독자 앞에 진솔하게 드러내고 있다.
　수필을 자기 고백의 문학이라고 함은 부족한 점, 고통스러웠던 점을 숨김없이 드러낼 때 독자의 공감을 얻게 된다는 뜻이다.
　장석영 작가의 슬픈 이별과 삶의 애환 앞에서 겸허한 마음으로 한 작품, 한 작품을 읽어 내려가게 됐다. 작품 속에는 아내에 대한 간절함이, 끈끈한 부부애가 녹아 있다. 흠잡을 데 없는 문장, 매끄러운 문체가 수필의 정수를 느끼게 한다. 물 흐르듯 도달한 주제가 삶의 깊은 성찰로 귀결되며 철학 성까지 겸비하고 있다.

  작가는 55년을 함께한 부인을 떠나보내고 1년이 지났다. 겨우 몸과 마음을 추슬러 수필집을 내놓게 됐다.

  짧지 않은 세월 동안 부부가 함께했던 애환의 역사가 지면에 모습을 드러내 독자를 기다리고 있다.

  작가는 시종일관 담담한 필체로 살아온 인생에 대한 서사를 차분하게 그려내고 있다.

  '부부란 무엇인가'에 대해 해답을 찾는 심정으로 읽어 내려갔다. 작가가 울면 나도 울고, 작가가 고통스러우면 나도 그 고통에 동참하는 마음으로 작품을 감상했다.

  『할미꽃 당신』에는 고통에 대한 사유가 장맛비처럼 질펀하게 흘러내린다. 아내에 대한 사랑을 밭고랑에 깔고, 밭매는 농부의 심정이 되어 독자와 작가가 하나 되었다.

  수필은 체험을 넘어 서사와 서정을 깊은 사유로 끌어가야만 독자의 공감을 얻을 수 있다.

  수필은 체험과 관조, 성찰이 주조인 문학이다. 체험보다 가치 있는 명제로 주제를 명시해야만 한다.

  이렇게 수필이 갖추어야 할 모든 요소를 거뜬히 소화해 낸 이 작품집은 독자의 공감을 얻을 수 있을 것이다.

  농축된 자아 성찰의 스텐스는 깊은 감동을 주고 있다. 안정된 문체와 경험을 소재로 한 수필집『할미꽃 당신』은 투병의 경험을 바탕으로 수준 높은 수사력을 가미해서 작품의 질을 높이고 있다.

작가는 작품 서두에 이 수필집을 먼저 간 아내에게 바친다고 했다. 이 수필집은 부부간의 짙은 사랑을 주제로 삼은 사랑 이야기다.

작품집은 총 4부로 나뉘어 있다.

제1부에는 11편을 수록하여 부부 사이에 관한 내용을 주제로 했다.

제2부에는 14편을 수록하고 아내의 건강이 나빠지면서 일어나는 일들이 주를 이룬다.

제3부에는 13편을 수록, 아내를 위한 간절한 기도가 독자를 울린다.

제4부에는 12편을 수록하여 할미꽃 당신이란 제목으로 인생을 성찰하고 있다.

총 50편의 주옥같은 작품이 수록된 작품집이다.

이 글을 통해 인생에 대한 새로운 해석과 마주하게 됐다.

그냥 그렇게 평범하고 안일하게 살아가는 독자에게는 천둥 번개와 같은 깨우침으로 다가온다.

현재를 살아가는 우리에게 진정으로 필요한 덕목이 무엇인가를 일깨워 주는 작품집으로 문학성 획득에도 성공한 작품집이다.

2. 체험과 사색의 섬에서

　제1부에 실린 11편에서 부부가 맺었던 인연에 관한 내용을 살펴보자.

　"병도 인연이 있는 것인가?"
　이 서두는 앞으로 전개될 서사가 만만치 않음을 시사하고 있다.
　'인연 중에서 가장 중요한 인연이 부부인연이 아닐까?' 하고 생각해 본다.
　부모 자식, 친구, 스승 직장동료 등 많은 인연이 있지만, 마지막까지 동행할 인연은 부부인연이 아닐까?
　작가도 부부인연을 우선순위에 두고 있다.
　"부부인연은 우연이 아니고, 필연이다."라고 한 말을 보면 알 수 있다.
　작가 부부는 암이라는 엄청난 병도 앞서거니 뒤서거니 하면서 같이 앓았다. 참 질긴 인연이 아닌가!
　남편의 암 투병이 끝나고 아내가 암 투병을 하게 된 일은 흔치 않은 일이다. 작가 부부는 남다른 부부인연을 가진 게 틀림없다.
　이들 부부는 엄청난 현실 앞에서 차분하게 병마와 싸워 이겼다. 주위에서는 이들 부부를 닮았다고 한다. 그러니 부부인연은 필연이 되는 것이다.

"모든 인연은 한 번 맺으면 오래가야 한다. 그래서 아름다운 꽃으로 피워나가야 한다. 그러기 위해서는 만남의 두 사람이 인연이란 꽃나무를 정성들여 키워나가야 한다. 그냥 버려두면 자라지 않는다. 풀도 뽑아주고 물도 주어야 한다. 그러다 보면 그만한 노력의 대가를 얻지 않을까 생각된다."
「인연 이야기 중에서」

 빼어난 어휘력과 탄탄한 구성은 문학적 형상화에도 기여하고 있다. 긴 생애의 서사를 넉넉히 품을 수 있는 서두와 결미의 조합에도 박수를 보낸다.
 깔끔한 문장과 문장을 끌고 가는 모습이 물 흐르듯 자연스럽다. 기자 출신 작가다운 정밀한 필력과 진솔한 표현 능력이 돋보인다.

 "흔히 부부를 일심동체(一心同體)라고 하지만 사실은 이심이체(異心異體)입니다. 따라서 서로 다름을 인정하고 이해하며 살아가는 게 중요합니다. 어쩌면 부부의 만남은 처음부터 어렵고 힘든 만남인지도 모릅니다. 오죽하면 '싸움터에 나갈 땐 한 번, 바다에 나갈 땐 두 번, 결혼할 땐 세 번을 기도하라고 했을까요.
 부부의 처음이 사랑으로 출발한다는 것은 알지만, 그 출발선상에서 대부분의 사람은 사랑만큼 중요한 서로의 '차이'를 인정하는 것을 간과합니다.
 부부가 서로의 차이를 소홀히 하면 부부생활의 어려움이 시작됩니다. 어떤 사람은 결혼은 '분명 반쪽을 얻는 대신 자신의 반쪽을 버리는 것'이라고 했습니다.
「진정한 부부 사랑 중에서」

부부 관계의 중요성을 이야기하고 있다. 부부 관계가 가정을 이루는 기초가 됨은 말할 여지가 없다. 그 중요한 부부의 관계를 사랑으로 이끌기 위해서는 자기의 반쪽을 버리고 상대방의 반쪽을 받아들이는 데 있다.

여기서 부부 사이의 가장 중요한 부분은 서로의 차이를 인정하는 데서 출발한다.

부부의 만남은 남남끼리의 만남이라 오죽하면 싸움터에 나갈 땐 한 번, 바다에 나갈 땐 두 번, 결혼할 땐 세 번 기도하라고 했을까요. 부부인연 맺기의 어려움과 중요성을 강조하는 부분이다.

요즈음 젊은 부부들은 이혼을 가볍게 생각하는 경향이 있는 듯하다. 주위에서도 이혼 부부를 흔하게 만날 수 있다. 특히 황혼 이혼이 늘어나는 점도 사회문제가 된 지 오래됐다.

이혼이란 부부애를 쌓지 못했거나, 부부 중 어느 한쪽이 배신했거나, 싫증 났거나 등 이유야 많을 것이다. 어느 경우든 밑바탕엔 서로의 차이를 인정하지 않은 데서 출발하는 것이 아닐까? 곱씹어 봐야 할 문제인 것 같다.

작가가 제시하는 부분을 생각하며 부부 관계에 대한 깊은 성찰이 요구된다. 작가 부부가 귀감이 되어 부부 사이를 더욱 깊은 사랑으로 연결할 수 있는 계기가 됐으면 좋겠다.

수필이란 작가의 내면에 끓어오르는 감정이나 생각을 문학적인

기법을 사용하여 진솔하게 표현함이 원칙이다.

개인의 일이지만, 보편성와 진리, 예술성을 획득할 때 좋은 수필이 된다.

"옥수수는 몸을 감싼 잎 속에 자루를 숨기듯 큰다. 몸에 붙어 자란 알갱이가 먹을 수 있을 무렵이 되면 붉은 수염을 달고 볼록하게 몸을 드러낸다. 낟알이 굳어지고 맛이 들 때면 마치 아기를 업은 모습이 된다. 그래서 옥수수를 보면 지금도 그 모습을 닮은 어머니 생각이 간절하다."

「아내와 옥수수 이야기 중에서」

작가는 아내에 대한 사랑 외에 어머니를 향한 사랑도 유별나다. 옥수수가 자라는 모습을 보며 어머니를 그리워한다.

어머니는 옥수수를 심고 가꾸어 방학 때 아들이 고향에 내려올 시기를 맞춰서 수확한다고 했다. 어머니 당신은 먹지 않고 자식만 기다린다. 혹시 시일이 맞지 않아 옥수수가 딱딱하게 여물어도 아들 올 때만 기다린다고 했다.

옥수수가 자라는 모습을 그림 그리듯 잘 묘사하고 있다. 여기서 작가의 뛰어난 묘사력을 볼 수 있다. 옥수수를 보고 어머니를 그리워하는 효심이 절절하다.

"그런데 요즘에도 가만히 주변을 돌아보면 대부분의 아내들이 남편을 인정하기보다는 남편의 부족한 점에 대해 잔소리하면서 고쳐주려고 애쓰고 있음을 쉽게 알 수 있습니다. 하지만 아무리 그런다고 해서 정말로 남편들이 아내가 원하는 대로 변화될 수 있을까요? 절대로 그렇지 않습니다. 오히려 남편들은 자신의 권위가 도전받아 자존감에 큰 상처를 입었다고 생각하면서 강한 거부감을 나타내게 됩니다."

「똑똑한 아내 중에서」

작가는 똑똑한 아내가 되려면 어떻게 해야 하는가를 제시하고 있다. 남편을 인정하기보다는 자신의 영역으로 남편을 끌어들여 자신의 취향에 맞추려고 하는 경향이 두드러지고 있다.

만약 아내가 남편의 버릇을 고치겠다고 끊임없이 잔소리한다면 그 남편은 아내 뜻대로 따를 것인가? 라는 의문을 던져 준다.

성경에서도 남편과 아내의 역할을 분명히 하고 있다.

에베소서 5장 22절에는

"아내들이여 자기 남편에게 복종하기를 주께 하듯 하라."

에베소서 5장 25절에는

"남편들아 아내 사랑하기를 그리스도께서 교회를 사랑하시고 그 교회를 위하여 자신을 주심같이 하라."

아내들은 복종이라는 강한 단어 때문에 거부감을 느낄 수도 있으나, 문맥을 모두 훑어보면 남편이나 아내의 역할이 모두 합리적이다.

작가는 똑똑한 아내가 되려면 자신을 내려놓고 남편을 존중해야 함을 깨닫는 데 있다고 했다. 물론 남편들도 자신의 역할을 소홀히 하고 아내에게만 바란다면 원만한 부부 관계는 이루어지지 않을 것이다.

작가 부부는 이 모두를 실천하여 죽는 순간까지도 사랑의 끈을 놓지 않았다.

작가의 마음 깊은 곳에 자리 잡은 인생철학은 작가의 팔십 평생을 올곧게 살게 해 준 지표가 됐으리라 생각한다.

> "어머니가 살아 있어서 번거롭고 불편한 불만의 시대, 그래서 부모는 어릴 적엔 디딤돌이고, 나이 들면 걸림돌이 되고 더 늙으면 고인돌이라는 말이 생겨났는지 모르겠다.
> 　어머니, 그건 모든 인간의 영원한 안식처다. 모든 것을 다 품어 주시고 모든 것을 주고서도 더 주지 못해 안타까워하는 분이다.
> 　어머니는 누구에게나 영원한 향수며 불러도 불러도 자꾸만 그리운 마음의 고향 같은 이름이다. 이 세상에서 나보다 나를 더 사랑하시던 분, 그분이 바로 우리의 어머니시다. 사랑합니다. 어머니!!"
> 　　　　　　　　　　　　　　　　「어머니의 노래 중에서」

윗글을 읽고 있으면 어머니 생각에 가슴이 뭉클하고, 눈에는 한 줄기 눈물이 흐른다.

세상에서 가장 아름다운 이름이 어머니라는 이름이다. 또 세상에서 가장 아름다운 눈은 젖 먹는 아기를 바라보는 어머니의 눈동자다.

그러면 세상에서 가장 아름다운 모습은 자기 아이에게 젖을 먹이는 어머니의 모습일 것이다.

흔히들 가족 이야기는 낡은 감정에서 빠져나오기 어렵다고 한다. 그러나 어머니만큼은 예외가 된다고 본다. 우선 그 이름만 불러봐도 가슴에서 북받쳐 오르는 그리움이 있기 때문이다.

수필의 소재는 자기가 소화하기 힘든 소재보다 평범한 일상에서 건져 올리는 것이 무난하다.

어머니라는 소재는 많은 작가가 다루었지만, 작품마다 다른 공감대를 형성해 왔다. 어머니는 고향과 같이 항상 무게 중심에 서 있기 때문이다.

수필은 자기 삶의 모습과 개성을 적나라하게 드러내는 문학이므로 소재 선택이 곧 작품의 성패를 좌우한다.

소재를 선택하는 안목, 소재를 바탕으로 작품을 빚어내는 솜씨도 중요하다.

장석영 작가는 이 모든 조건을 훌륭하게 소화해 내고 있어 후배 작가들의 귀감이 되고 있다.

"전어(錢魚)라는 생선의 이름이 유래된 것은 18세기 후반 정조 때 '서유구'라는 사람이 쓴 『난호어목지(蘭湖魚牧志)』에 자세한 내용이 실려 있다.

전어는 고기에 가시가 많지만, 육질이 부드럽고 먹기에 좋으며 기름이 많아 맛이 좋다. 상인들이 소금에 절여 한양으로 가져와 파는데, 신분의 높고 낮음을 떠나서 모두 좋아하므로 값은 생각하지 않고 사기 때문에 전어라 한다."

「전어. 이야기로만 끝난 사연 중에서」

작가의 아내는 전어를 좋아한다. 가을이 되면 전어가 제철을 맞는다. 이때를 기다려 작가는 아내를 위해 전어 구하기 작전을 펼친다. 서울 시내에서 생선이 가장 많이 모이는 노량진 수산시장을 선두로 전어 탐방에 나서도 구할 수가 없었다. 급기야 아들과 딸에게도 엄명을 내려 전어 구하기 작전에 참여시키지만, 허탕만 치고 말았다.

여기서도 작가의 극진한 아내 사랑과 만나게 된다. 없으면 그만이지! 기필코 구하고자 하는 작가의 의지가 돋보인다.

중요한 것은 이런 남다른 경험을 놓치지 않고 글의 소재로 채택했다는 점이다.

작가의 강한 의지는 작품을 쓰기 위해 의문점에 대한 자료 준비에 나섰을 것이다.

옛말에 '가을 전어 굽는 냄새에 집 나간 며느리도 돌아온다.'

이 말은 단순하게 생각하면 전어가 맛있는 생선이라 생선 맛을 보려고 며느리가 돌아온다. 정도로만 생각할 것이다.

그러나 작가는 이 한 문장에 담긴 의문점을 발견하고는 그걸 파헤쳐 보려고 탐색 작전에 나섰다.

작가가 품은 의문은, 전어의 이름부터가 의문표를 던지고 있다. 왜? 전어의 전(錢)자가 돈 전자인가? 며느리는 왜 집을 나갔으며, 전어 굽는 냄새 때문에 집으로 돌아온다는 말도 타당하지 않다. 먹고 싶으면 밖에서 사 먹으면 될 일이기 때문이다.

작가의 의문점은 꼬리를 물고 일어난다.

이런 사소한 이야기도 장석영 작가의 손에서는 훌륭한 작품으로 거듭난다.

의문점을 파고 또 파고, 작가는 기사를 쓰듯이 논리적으로 전어에 얽힌 의문점을 파고든다.

수필의 참신성을 볼 수 있다. 작가는 평범한 일상을 매의 눈으로 탐색해 내고 있다. 이 작품에서 독자는 궁금증이 해소되는 카타르시스를 맛보게 된다.

새로운 발상과 해석으로 한 편의 참신한 작품이 탄생했다.

제2부에는 14편을 수록하고 있다.

아내의 투병기와 남편의 눈물겨운 병상 일기가 주를 이룬다. 이 작품집의 주제가 되는 부분이다.

　진료를 기다릴 때의 초조함이 내 것인 양 다가온다. 진료가 시작되면 초조함이 불안감으로 바뀐다.

　제발 무사하기를 비는 마음으로 기다리는 심정을 느껴 봤으리라. 결과를 기다릴 때는 또 어떤가? 염라대왕 앞에 선 듯한 느낌을 받는다.

　작가는 기독교 신자로 어려울 때마다 기도로 힘을 얻어 극복하고야 만다.

　소제목이 '장맛비 쏟아지던 날'이다. 햇빛 찬란한 젊음은 덧없이 지나가고 인생의 장맛비가 쏟아진다. 작은 우산 하나로 버텨야 하는 인생 아닌가?

"검사 당일은 종전처럼 아침을 굶고 채혈을 한 뒤, 초음파 검사에 이어 CT와 MRI를 촬영했다. 검사는 아무런 부작용 없이 끝났다.
　검사가 진행되는 동안 나는 대기실 의자에 앉아 검사가 순조롭게 진행되고, 결과도 좋게 나오게 해 달라고 하나님께 기도했다.
　1주일 뒤 검사 결과를 보는 날이 찾아왔다. 우리 내외는 조마조마하는 마음으로 병원으로 주치의를 찾아뵈었다. 매번 그렇지만 이 순간만큼은 아무리 강심장이라 해도 괜히 마음이 떨리고 안절부절못하게 한다."

「병상 일기 −1 중에서」

인간이 살아가면서 병원만큼은 멀리해야 하지만, 세월이 흘러가면 자동으로 친구가 돼버린다.

젊을 때 잘 돌아가는 기계 같았던 몸에서 아우성이 들리기 시작한다. 아무리 건강에 자신 넘치던 사람도 피해 갈 수 없다.

작가의 아내가 암 수술받고 정기 검진받는 날의 정경을 나타낸 글로 독자의 공감도가 높은 작품이다.

대학병원에서 진료받는 장면과 그때의 심정을 디테일하게 나타냈다.

이 장면을 읽을 땐 내가 당했던 10년 전이 눈앞으로 다가온다. 같은 과정을 겪은 탓에 잊고 지냈던 그때 그 시간이 소환되어 가라앉았던 감정이 불쑥 튀어 오른다.

기다릴 때의 초조함은 환자나 보호자가 다를 바 없으나, 진료 중에는 보호자가 오히려 더 긴장되는 것 같다. 검사 결과를 확인하는 날은 또 어떤가? 아마 판사의 판결을 기다리는 죄수의 심정이 아닐까라고, 생각한다.

'혹시! 사형 선고라도….'

이런 마음을 체험한 사람이 많을 줄 안다.

장석영 작가는 아내 곁에서 겪은 투병의 체험을 병상 일기라는 제목으로 풀어 놓고 있다.

"여보, 당신도 잘 알겠지만 누구에게나 일평생 한 번쯤 시련이 있게 마련인 것 같소. 그래도 우리 내외는 성공적으로 수술을 받았고, 경과도 좋아서 나는 이렇게 글을 쓸 수 있고, 당신도 투병 생활 중에도 교회 봉사활동을 하고 있으니, 하나님의 은혜가 얼마나 크고 높은지 모르겠어요. 결국 우리 시련은 축복이 아닌가 합니다."
　아내는 내 이야기에 귀를 기울이면서 그렇다고 맞장구를 쳤다.
「아내의 병상 일기 – 2 중에서」

　작가 부부는 병원을 자주 드나들면서 진료 결과에 따라 안도와 좌절을 맛보고 있다. 암 수술과 투병. 그 뒤에 따르는 정기 검진과 결과로 인한 심적 상황 등을 담담하게 적고 있다.
　작가가 아내의 보호자가 되고 위로자가 되어 아내를 다독이는 장면이라 정감이 넘친다. 아내의 두려움을 완화하고 희망을 품게 하며, 결과가 나쁘더라도 담담하게 받아들이자는 의도가 숨어 있다.
　믿음이 강한 작가는 암 투병과 또 다른 질병의 발병으로 건강이 극도로 나빠진 아내를 위로하고 있다. 이 와중에도 받은 축복을 생각하게 하고 지금 닥친 시련도 축복으로 생각하자고 말한다. 물론 아내도 별 반대 없이 찬성 의견을 낸다.
　잉꼬부부요. 부창부수(夫唱婦隨)를 실천하는 부부다. 진부한 옛 부부의 형태 같지만, 이는 오늘날에도 적용된다. 부부가 서로 상대를 이해하고 받아들여 하나가 되는 합리적인 부부의 전형이다.

뒷부분에도 남편의 이야기는 이어진다. 젊은 어부가 고기를 잡는데, 해초 때문에 방해된다고 제초제로 해초를 없애 버렸다. 해초가 없으니 고기 잡는 데는 쉬울지 몰라도 먹이가 없어진 바다에 물고기는 더 이상 살지 않았다. 다음은 거북이 이야기와 낮과 밤의 이야기로 시련이 없으면 그것을 극복할 힘을 잃기 때문에 삶의 의욕마저 상실한다는 내용이다.

남편은 아내의 정신을 치료하는 정신과 의사처럼 많은 이야기를 동원했고, 성경 말씀을 들려주며 아내의 건강 회복을 위해 몸과 마음을 바친다.

병든 몸은 의사가 치료하지만, 정신세계는 종교나 그 가족의 사랑이라야 치유할 수 있다는 사실을 깨닫게 된다.

"그런데 엊그제부터 더 큰 문제가 생겼다. 소변을 볼 때, 갑자기 심한 경련을 일으키면서 약 5초 정도 정신을 잃는 것 같았다. 그리곤 상체를 붙들고 있는 나에게 '정신이 나간다.' 또는 '앞이 캄캄하고 전혀 안 보인다.'라고 한다.
　가만히 기도해 준다. 하나님, 이 불쌍한 당신의 어린 양을 보살펴 주소서. 병마를 물리치게 하소서. 하루빨리 주님의 성전에 나가 감사기도 드릴 수 있게 하소서."
「장맛비 쏟아지던 날 중에서」

이렇게 축 늘어졌던 아내는 두 번째 기도가 끝날 때쯤 정신이 돌아온다고 했다.

땀으로 범벅이 된 몸을 쉴 틈도 없이 아내 곁에서 온 힘을 다해야 한다. 장맛비가 쏟아지던 날 아내는 혼자서는 화장실도 못 가는 형편이 되었다.

침대에서 겨우 몸을 일으키게 해서 힘들게 부축해 변기에 앉혔는데, 이마저도 어려워 이동식 변기를 사용하게 됐다. 침대에서 이동식 변기에 앉히는 일도 만만찮다. 이 일을 하룻밤에 5번은 해야 하고 어떨 때는 8번도 한다.

땀 범벅이 된 몸으로 방에 불을 끄고, 거실에 나와 에어컨을 켠다. 집안 온도가 29도다. 땀을 닦고 잠깐 눈을 붙이는데, 한 시간도 안 돼서 아내가 부른다. 화장실에 가고 싶단다. 변기에 앉히는 과정에서 방바닥에 소변을 흘렸다. 하의를 내려 주는 데, 미처 내리기 전에 하의에도 흘렸다.

이 가정에 장맛비가 쏟아져 내린다. 대 소변을 제대로 못 가리는 환자는 중증 환자다. 자꾸만 나빠지는 아내의 병상을 지키면서 누구보다도 더 다정하게, 정성을 다해 간호하고 있다. 이런 남편이 세상에 또 있을까! 아내는 남편 복을 듬뿍 타고났다.

작가는 지금, 인생의 장마를 맞아 빗속에서 한 줄기 빛을 갈망하며 견뎌내고 있다. 하나님께 간절히 기도 하는 신앙을 잃지 않았다. 시련이 축복이라 생각하고 있는 이들 부부는 거뜬히 이겨낼 것이다.

"가을의 길목에서 오늘따라 달빛에 젖은 귀뚜라미 소리가 가슴을 두드린다. 맑은 생명의 소리여서 그런 것 같다. 기나긴 별들의 시간보다 하루살이 풀벌레의 시간을 더 좋아한다는 폴란드 시인 '비슬라바 쉼보르스카'의 시구를 생각하며 오늘 밤을 지나면 아내의 병세가 좀 나아지기를 주님께 기도한다."
「가을이 오는 길목에서」

가을의 서정이 물씬 풍기는 글이다. 아내의 병상을 지키며 자칫 피폐해지기 쉬운 가운데도 이렇게 서정적인 작품을 창작했다는 점에 놀라움을 금치 못한다.

수필은 자연과 인생을 관조하여 그 형상과 존재의 의미를 밝히기도 하고 때로는 날카로운 지성으로 새로운 형상과 지향성을 명쾌하게 제시도 해 나간다.

찌는 듯한 여름 아내의 병간호로 몸과 마음이 땀에 젖어 있다가 가을바람을 맞아 빛나는 작품집『할미꽃 당신』을 내놓고 있다.

지난했던 시간을 잠시 접어두고 삶에 대한 은유와 사유를 확장해 나가고 있다.

서정 수필의 전형으로 작가의 세련된 문장과 문학적 표현력이 독자를 사로잡는다.

작가는 대하소설 '대망'에 나오는 세 인물의 성격을 예로 들고 있다. 그 중 '오다노부가나'는 울지 않는 새는 죽여버린다고 했다. '도요토미 히데요시'는 울게 만든다고 했다. 그런데 '도쿠가와 이에야스'는 울 때까지 기다린다고 했다.

세 사람의 성격 차이를 극명하게 드러낸 발언이다. 여기서 눈여겨볼 대목은 '울 때까지 기다린다.'라고 한 이에야스의 말이다.

그는 그렇게 깊은 인내심을 가졌기에 결국 최후의 승자가 되었다.

'이에야스'가 남긴 말 중 '사람의 일생은 무거운 짐을 지고 먼 길을 가는 것과 같다.' 그러니 서두를 필요가 없다는 것이다.

장석영 작가는 말한다.

"그래! 내 인생도 역시 무거운 짐을 지고 먼 길을 가고 있는 거야. 참고 기다리다 보면 아내가 자리를 박차고 일어나 걸을 날이 오겠지. 인내의 화신 도쿠가와 이에야스의 명언이 나에게 힘이 되는 것이다."

작가가 말하는 때를 기다릴 줄 아는 사람의 지혜가 필요한 때다. 삶에 대한 여유를 가져 보는 시간이 됐다.

"가치 있는 삶을 살려면 사랑을 실천하며 살아야 한다. 보통 삶을 영위하기 위해서라면 물건이 필요하고, 쾌락이 순간의 기쁨을 가져다준다고 생각할 수 있다. 하지만 인생의 보람과 가치는 그런 곳에서 찾을 수 없다. 짧은 시간을 살다 떠나는 우리지만 사랑을 실천하며 가치 있는 삶을 살아야 한다."

「가치 있는 삶 중에서」

지금 작가의 몸 상태는 수면 부족, 영양부족, 피로 누적 등으로 체중이 6kg이나 빠진 상태다. 그렇다고 아내의 병세가 호전된 것도 아니다. 점점 더 나빠지는 아내를 보면 얼마나 상심이 컸겠나?

주위에서도 살이 빠졌느니, 다리가 휘청거리느니, 하며 걱정한다. 작가는 강한 의지로 이를 극복하려 노력한다. 먼저 표정 관리부터 힘쓴다. 거울을 보며 행복이 가득한 얼굴을 만들고 웃는 얼굴, 기쁨에 찬 얼굴을 연출하려고 노력한다.

이 얼마나 눈물겨운 노력인가? 눈물 없이는 읽을 수 없는 부분이다. 작가의 굳은 신념과 의지는 한 단계 가치 있는 삶으로 승화한다.

작가는 말한다.

"신이 인간에게 베푸는 천국은 이 세상에서부터 시작된다. 사랑 자체인 신, 진리 자체인 신, 신의 뜻을 깨닫고 그와 사랑을 나누는 삶을 산다면 요즘 겪는 고난쯤은 얼마든지 극복할 수 있다. 진리 추구의 삶을 살 수 있다면 그것만큼 가치 있는 삶도 없을 것이다."

이 작품은 극한 상황에서도 인간의 굳은 의지로 고난을 극복하는 인간 승리의 서사다. 삶을 성찰해 보는 좋은 계기를 만든 작가의 높은 뜻에 박수를 보낸다.

제3부에는 13편의 작품이 수록돼 있으며 아내를 위한 간절한 기도가 독자의 가슴을 울린다. 이 기도를 하나님도 들어주시리라 믿는다.

    "당신 먼저 떠나는 줄 알고 걱정했다."라며 눈물을 글썽인다.
    나는 그 자리에서 유머로서 아내를 웃겨 주었다.
    "여보, 세상에서 가장 어려운 일이 두 가지가 있는데, 그게 뭔지 알아요?" 아내는 그걸 어떻게 아느냐며 울다가 웃는다.
    "그게 첫 번째는 내 생각을 남의 머리에 넣는 일이고, 두 번째는 남의 돈을 내 주머니에 넣는 일이지요.
    그런데 첫 번째 일을 하는 사람을 '선생님'이라 부르고 두 번째 일을 하는 사람을 '사장님'이라 부른답니다. 그러면 이 어려운 두 가지 일을 한 방에 다 하는 사람을 무어라 부를까요? 정답은 당신과 같은 '아내' 랍니다."
    아내가 좋아라 하고 활짝 웃는다. 옆에서 이를 지켜보던 아이들도 박장대소 한다.
                          「의사 쇼핑에 나서다 중에서」

지금까지 다녔던 병원에서 문제점을 발견했다. 파킨슨병을 제대로 치료하지 못 한 것 같다. 환자의 상태가 급격히 나빠져 다른 병원으로 옮기게 됐다. 여러 병원을 거쳐서 이제야 제대로 된 병원을 찾았다.

그러나 이미 병이 깊어져 도뇨관을 삽입하게 됐다. 쉽게 설명하면 소변을 돕는 오줌줄이다. 걸을 수 없으니, 휠체어와 이동식 변기도 빌려다 놓는다. 이 정도면 중증 환자에게 사용하는 의료기구가 모두 모이게 된 셈이다.

드디어 일이 벌어졌다. 꿋꿋하게 버티던 남편이 병이 나서 입원하게 됐다. 급격히 간 수치가 높아졌다고 한다. 병간호하느라 자기 몸을 돌보지 않은 탓이 크게 작용했으리라. 1주일간 입원 치료 후 퇴원하게 됐다. 그때 아내가 한 말은

"당신 먼저 떠나는 줄 알고 걱정했다."라는 말이다.

작가 역시 보호받아야 할 환자가 아니던가!

환자는 전천후 인간이 되어 아내 앞에 선다. 걱정하는 아내를 위해 유머 한 자락을 펼친다.

이 와중에도 아내를 즐겁게 하려고 유머를 하는 작가를 볼 때 가슴이 짠~ 하다.

아내를 향한 헌신은 높이 평가받아야 할 것이다. 이런 사람을 무어라 부르나? 아내가 이 일을 했다면 '열녀'라 했을 것이므로 작가에게는 '열부'라는 호칭이 맞지 않겠나?

그래도 요즈음은 노인 복지제도가 잘 돼 있어서 요양보호사가 방문하고 의료기도 대여해 준다. 요양원이라는 제도도 병든 노인이

의탁할 수 있는 기관이라 든든하다. 그러면 작가는 왜 굳이 아내를 이런 시설에 보내지 않고 직접 간호하고 있는가? 그에 대한 대답도 간단하다. 아내를 곁에 두고 마지막까지 행복을 누릴 수 있도록 해 주겠다는 눈물겨운 배려다.

"한 번은 내 전화기가 고장 나서 잠시 혼자 긴 의자에 드러눕게 하고 수리하러 나간 일이 있었다. 예상했던 시간보다 좀 지체되어 버스 대신 택시를 타고 집으로 오는데 아내한테서 전화가 왔다. 의자에서 일어나 앉으려다가 떨어졌다는 것이다.
　전화하는 소리를 들은 택시 기사님이 라이트를 켜고 앞지르기를 해 가면서 나를 집으로 빨리 데려다 주었다.
　부리나케 거실로 뛰어 들어와 보니 아내는 휠체어 바퀴에 끼어 30여 분 간이나 그런 자세로 꼼짝 못 하고 있었다고 했다. 아내는 내가 화라도 낼까, 봐 그랬는지
　'하나도 다친 데 없다'고 말한다.
　나도 모르게 눈물이 났다."
　　　　　　　　　　　　　　　　　「웃음 치료의 효과 중에서」

남편의 안타까운 심정이 잘 드러나 있다. 아내가 고생했을 30분을 생각하면 가슴이 아릴 것이다.
　아내는 이즈음 상태가 좋지 않아 넘어지기 일쑤였다. 의자에 앉다가 넘어지고 자전거 탄다고 오르다 굴러떨어졌다. 그때마다 팔다리에 찰과상을 입곤 했다.

이런 일이 일어나면 남편은 긴장된다. 쉽게 잠들지 못하고 자다가도 깜짝깜짝 놀라 잠에서 깨어난다고 한다.

자녀들이 와서 엄마랑 자겠다고 하더니 하룻밤 만에 항복하고 나온다.

"자다가도 5번이나 화장실을 찾는 데, 그동안 어떻게 간병했어요?"

하품을 해대며 하는 소리에 작가는 환자 곁에서 자겠다며 아내 곁으로 다가간다. 아내가 잠이 안 온다면 유머로 웃음치료를 한다. 이 방법이 아내의 마음을 안정시키는 데 효과가 있음을 잘 알고 있다.

저녁마다 다리와 어깨가 아프다고 호소한다. 남편은 손으로는 팔다리, 어깨를 주무르고 입으로는 구수한 이야기로 아내 곁에 머문다.

아내를 위해 준비한 작가의 구수한 이야기가 이어진다. 화롯불에서 밤이 익어가듯 고소한 냄새가 집 안에 맴돈다.

남편의 이야기는 어느 날 남편이 죽어 지옥에도 가고 천국에도 갔던 이야기를 들려준다. 아내는 아기처럼 새록새록 잠에 빠져든다.

남편의 이야기는 사랑의 비빔밥이다. 이야기 속에 사랑 한 사발 섞어서 구수하게 비빔밥을 만든다.

아내는 아내대로 "나 때문에 당신이 힘들어서 어쩌지요?"라며 미안한 마음과 애교를 담아 남편에게 보낸다.

주고받는 사랑 속에 건강한 미래가 있을 것이다. 독자는 이를 본받아 아름다운 가정을 만드는 데 본으로 삼아야 할 것이다.

작가의 아내가 중병을 앓고 있으니 불행할 것이라는 생각을 거둬야겠다. 하루를 살아도 이런 사랑 한 번 받아보는 게 소원인 아내도 있을 것이다.

이런 의미에서 보면 작가의 아내는 누구보다도 행복하다. 끝까지 남편의 사랑을 듬뿍 받고 이 세상을 떠나게 됐으니 말이다.

아내의 마음에 평화와 행복을 주기 위해 유머로서 아내를 웃게 만드는 남편의 지고지순한 사랑 앞에 경의를 표한다.

"의사 선생님과 서너 명의 간호사님들이 인공호흡기를 제거하는 작업을 진행했다. 사람에 따라서 자가 호흡을 당장 멈추는 일도 있지만, 어떤 사람은 열흘 이상 버티는 일도 있다고 한다.
아내는 겨우 30분을 버텼다. 그동안 가족들은 모두 밖으로 나가고 배우자인 나만 방에 남아 아내와 마지막 대화를 나눴다.
간호사님이 말했다. 환자가 숨을 거둘 때까지 다른 기관은 멈춰있지만, 청각은 살아있어 이야기를 모두 들을 수 있습니다.
나는 그동안 힘들게 잘 버텨왔다고 말하고 남아있는 가족들은 염려 말고 먼저 하나님 곁으로 가 있으면 나도 곧 당신 곁으로 갈 것이라 했다."

「운명의 시간 중에서」

그렇게도 사랑했던 부부인데, 이별은 여느 부부와 다를 바 없다. 죽음은 인간이 피해 갈 수 없으니 받아들일 수밖에 없다.

마지막 이별 장면이 인상적이다. 이런 이별은 행복한 이별이 아닐까? 가족도 없이 혼자서 쓸쓸히 죽어가는 사람이 더 많지 않을까?

작가는 이 시간을 위해 아내를 요양원에 보내지 않았는지도 모르겠다. 남편의 손을 잡고 고요히 떠나간 아내는 복된 죽음을 맞게 됐다.

아내는 남편의 마지막 인사말도 다 들었을 것이다. 다른 가족의 이야기에는 미동도 하지 않던 아내가 남편의 이야기에는 혀를 움직여 반응을 보였다.

"그러나 거기서 끝이었다." 남편이 아쉬워하는 부분이다.

지금까지 그렇게 대화의 물꼬를 틀어놓고 밤새워 얘기했던 부부인데 무슨 할 말이 또 남아있었을까?

남편의 아쉬워하는 모습이 눈에 선하다.

사람의 목숨이 붙어있을 때의 시간과 목숨이 끝났을 때의 시간은 다른 것 같다. 일단 숨이 끊어지면 장례는 일사천리다. 3일 만에 한 줌의 재가 된다.

사람이 누리는 오복 중의 하나가 고종명(考終命)이다. 즉 제명대로 살다가 편하게 죽는 일이다. 장수하기는 쉬운데, 편히 죽기는 어렵다. 대부분 의료 장비를 주렁주렁 달고 차가운 침상에서 임종을 맞는다.

작가는 아내를 떠나보내는 게 못내 아쉬워 의사가 '임종 과정'에 들어갔다고 해도 다시 살아날 수도 있다는 희망을 품는다.

"혹시 좀 더 치료하다 보면 살아날 수도 있지 않을까? '연명치료 중단 의향서'를 괜히 작성하게 했나? 라는 생각을 해 본다."

"나는 식어가는 아내의 얼굴에 내 얼굴을 비비며 한참을 울었다."

55년 같이했던 관계를 종결짓는 장면에서 독자도 뜨거운 눈물을 흘렸다.

제4부에는 12편을 할미꽃 당신이라는 제목 아래 수록했다.

아내를 보내고 아내와의 추억에 젖어 그때를 회상하고 있다. 아내 사후의 소소한 일상과 아내를 향한 그리움이 절절하다.

"당신을 처음 만나던 날 당신은 흰 가운 차림이었지요.
　당신은 해맑은 웃음과 친절한 말씨로 대해주었습니다.
　많은 사람을 만났지만, 당신처럼 착한 사람은 처음 봤습니다.
　우리는 전생에서 만나기로 약속된 사람이었습니다.
　우리의 만남은 우연이 아니고 하늘이 맺어준 필연이었습니다.
　1969년4월8일 우리는 부부가 되었습니다.
　신혼 생활은 꿈만 같았습니다.

나는 언론인으로 최선을 다했습니다.
당신은 노량진역 앞에서 약국을 경영했습니다."
「할미꽃 당신 중에서」

아내를 떠나보낸 작가는 아내와의 추억을 먹으며 일 년을 보냈다. 아름답던 추억을 되새김질하며 시간을 방패 삼아 차츰 안정을 찾아갔다.

이제 이 수필집 상재를 계기로 해서 일상으로 돌아와 글쓰기에 전념하기를 바라마지않는다.

다정도 병이라고 했던가? 다정한 마음도 조금씩 내려놓고 남은 인생의 설계를 위해 힘차게 전진하기를 바란다.

아내를 할미꽃이라 부르며 아내와의 일대기가 담긴 '할미꽃 당신'이라는 작품은 서정이 물씬 풍긴다.

그리움이 바탕이 된 할미꽃 당신은 서정과 사유를 잘 담아내고 있다. 한국인의 정서 중 그리움은 내적 울림이 가장 크다. 그리움은 마음을 풍요롭게 만드는 고향과 같은 것이다.

작가는 차분한 마음으로 아내에 대한 그리움을 한 단계 높여 작품 속에 녹여 냈다.

"오늘 가족들과 아내의 묘비명에 대해 논의했다. 그 결과 생전에 아내가 말해 왔던 성경 구절을 묘비명에 새겨 넣기로 했다. 시편 23편 6절 말씀이다.
 '나의 평생에 선하심과 인자하심이 정녕 나를 따르리니 내가 여호와의 집에 영원히 구하리로다.'
 이 구절을 가지고 이번 토요일 아들과 함께 아내를 만나러 가서 논의할 참이다. 아마 아내도 좋아할 것 같다."
「아내의 묘비명 중에서」

 이 글의 독자는 한 번쯤 자기 묘비명에 대해 생각해 볼 것이다. 세계 여러 유명 인사들의 묘비명을 소개했다. 작가의 깊은 연구가 돋보인다. 독자에게 다양한 지식을 전달하는 역할도 톡톡히 하고 있다.
 자신의 사후에 어떤 사람으로 남기를 바라며, 후손들에게 남길 말이 무엇인가. 성찰해 보는 계기가 됐다. 이로써 자기의 부족을 깨닫고 남은 생애를 잘 마무리하는 계기로 삼을 것이다.
 작가 아내의 묘비명은 적절하다고 생각한다. 아내에게 잘 어울리는 묘비명인 것 같다.
 묘비명을 생각하니 차분해지고 겸손해진다. 각자 살아온 인생에 대한 성찰의 시간이 될 것이다.

 "영아원에 가까이 갔을 때 무심코 공중전화기를 쳐다봤다. 그리고 왠지 공중전화기가 반갑게 맞이하는 것 같은 느낌을 받았다.

'그렇지. 아내의 휴대전화는 통화가 정지됐으니, 저 공중전화기로 아내에게 전화를 걸어봐야지'
나는 무턱대고 공중전화기로 다가가서 수화기를 들었다. 그리고 백 원짜리 동전 두 개를 넣었다. '삐'하고 신호음이 들렸다."
「1000국에 1004번 중에서」

기발한 발상이다. 천국으로 전화해서 잊지 못할 가족과 통화하는 장면이다. 작가는 평소의 상상을 꿈속에서 이루고자 했다. 그러나 인공지능 시대가 도래한 오늘날에는 현실이 될 수 있다. 충분히 가능한 일이다.

세상 떠난 아내를 전화로 불러내는 일이다. 상상이 현실이 되어 실행할 수 있는 일을 제시했다.

1000국에 1004번을 돌리면 천국 문이 열린다는 발상은 실험적이며 참신하다. 천국에서 아내가 전화를 받고 이승의 남편과 대화한다. 앞으로 기대할 수 있는 발상이다.

3. 맺는말

장석영 작가의 수필은 작품 속에서 빛나는 지혜를 발견할 수 있게 한다. 또 작가가 빚어내는 서사도 한없이 마음을 따뜻하게 해준다.

작가가 먼저 느끼고 문장이 뒤따르며 그 기분과 감정을 고양해 나가야 문학성을 확보할 수 있다.

장석영의 수필집 『할미꽃 당신』에는 작가의 진솔한 정서가 녹아 있다. 서사와 서정이 조화를 이루는 수준 높은 수필을 만나게 됐다.

아내와 함께했던 55년의 세월이 고스란히 녹아서 살아 숨 쉬고 있다.

아내의 간병인으로 사랑의 천사로 몸과 마음을 다했던 3년의 세월 앞에서는 눈물로 읽어 내려갔다.

장석영 작가는 한 마디로 사랑의 전도사다. 문맥 사이사이에 녹아 있는 아내를 향한 사랑을 남편들이 지키고 본받게 된다면 사랑이 넘치는 사회가 될 것이다.

작가의 뛰어난 글솜씨는 서두와 결미를 펼치고 마무리 짓는 완벽한 서사에서부터 출발한다. 풍부한 정서는 감정이입을 통해 서정성 짙은 작품을 연출해 내고 있다. 독자는 모처럼 서정 수필의 늪으로 초대될 것이다.

삶의 진정성을 차분한 어조로 탐색해 나가는 태도가 돋보이는 작품집이다.

인간의 삶과 죽음에 대한 보기 드문 혜안을 보여주는 작품들로 수필집을 장식하고 있다. 삶의 세계를 꿰뚫어 보려는 분석의 눈이 예사롭지 않으며 작품을 통하여 삶의 방향을 제시하고 있다.

어려운 가운데서도 꿋꿋이 자신을 지켜 나가는 강한 의지가 문장 곳곳에 숨어 있다.

수필집 『할미꽃 당신』을 추천하고 싶다. 눈 속에서 피어나는 한 송이 설중매처럼 독자에게 강한 의지와 희망을 심어주리라 믿는다.

할미꽃 당신

초판 인쇄	2025년 8월 8일
초판 발행	2025년 8월 15일

지은이	장석영
발행인	임수홍
편 집	맹신형
디자인	윤경숙

발행처	한국문학신문
주 소	서울 강동구 양재대로 114길 32 2층
전 화	02-476-2757~8 FAX 02-475-2759
카 페	http://cafe.daum.net/lsh19577
E-mail	kbmh11@hanmail.net
작가 E-mail	asanchang@naver.com

값 18,000원
ISBN 979-11-7437-004-4

· 저자와의 협약에 의해 인지는 생략합니다.
· 이 책의 글은 저작권법에 따라 보호를 받는 저작물이므로 저자와 출판사의 동의 없이는 무단 전재 및 무단 복제를 금합니다.

· 잘못된 책은 바꾸어 드립니다.